1등의 책쓰기 습관

내 브랜드 가치를 높여주는
1등의 책쓰기 습관

2016년 8월 22일 1판 1쇄 인쇄
2016년 8월 26일 1판 1쇄 발행

지은이_고수유
펴낸이_정영석
펴낸곳_마인드북스
주　소_서울시 관악구 국회단지15길 10, 102호
전　화_02-6414-5995
팩　스_02-6280-9390
출판등록_제2015-000032호
홈페이지_http://www.mindbooks.co.kr

ⓒ 고수유, 2016

ISBN 978-89-97508-31-0　03190

이 도서의 국립중앙도서관 출판예정도서목록(CIP)은 서지정보유통지원시스템 홈페이지
(http://seoji.nl.go.kr)와 국가자료공동목록시스템(http://www.nl.go.kr/kolisnet)에서 이
용하실 수 있습니다. (CIP제어번호: CIP2016020004)

내 브랜드 가치를 높여주는

1등의 책쓰기 습관

고수유 지음

마인드북스

"한 권의 책으로 1등 브랜드를 내세우길"

지금은 개인 브랜드를 적극적으로 알려야 하는 시대다. 치열한 경쟁에서 지지 않기 위해서는 차별화된 자신의 가치를 잘 드러내야 한다. 이때 가장 효과적인 수단으로 떠오르는 게 책이다. 다년간 쌓아 온 경력과 콘텐츠를 잘 엮어 낸 한 권의 책은 그 어떤 홍보, 마케팅 수단보다 막강한 위력을 발휘한다.

총각네 야채가게를 아는가? 이 가게는 대치동 은마아파트 후문에 있는 동네 가게에 불과했다. 그런데 땀 냄새 나는 소설형 『총각네 야채가게』를 내어 공전의 히트를 치면서 전국적으로 브랜드를 알릴 수 있었다. 기업체에서 견학단을 파견할 정도로 유명세를 떨쳤다. 이렇게 해서 자영업자 분야에서 총각네 야채가게는 1등 브랜드가 되었다.

현재 스타 강사로 알려진 김미경은 어떨까? 그녀가 가정주부에서 탈출해 강의를 할 때는 평범한 강사에 불과했다. 그런 그녀가 책을 내어 점차 이름을 알리기 시작하면서 강사료가 올라가는 것과 함께 대중적인 인지도가 높아졌다. 어느 순간 그녀의 책이 베스트셀러가 되었고, 이를 바탕으로 스타 강사로 등극할 수 있었다.

이 외에도 『바람의 딸, 걸어서 지구 세 바퀴』의 여행 작가 한비야, 베스트셀러 『이기는 습관』의 전옥표, 『육일약국 갑시다』의 김성오 등이 책으로 브랜드 가치를 폭발적으로 높인 사례이다. 이와 같이 책으로 브랜드 가치를 드높인 성공 사례는 부지기수다.

이제, 당신의 차례다. 내세울 게 없다고, 혹은 경력이 짧다고 위축될 필요가 없다. 자신만의 차별화된 독특한 콘텐츠가 있다면 이를 잘 포장해 얼마든지 책을 낼 수 있다. 이를 통해 자신의 브랜드를 전국적으로 알리고 브랜드 가치를 높여야 한다.

이 책은 필자의 출판 기획 및 작가 경력을 살려서 누구나 쉽게 책을 쓸 수 있는 요령을 소개하고자 출간하게 되었다. 현장에서 촌각을 다투며 바쁘게 비즈니스를 하는 분들이 어렵지 않게 단숨에 책 쓰기 요령을 터득할 수 있도록 썼다. 아무쪼록 이 한 권의 책을 통해 평범한 '누런 소'에서 리마커블한 '보랏빛 소'로 변화하여 1등 브랜드를 내세우길 바란다.

홍대 앞 스토리텔링공작소에서
고수유

머리말 / 5

제1장
책이 당신의 운명을 바꾼다

1. 책이 내 브랜드를 창출한다 · 13

2. 백 마디 말보다 한 권의 책 · 17

3. 내 이름으로 낸 책은 박사학위나 마찬가지 · 21

4. 책으로 부족한 스펙을 보완하라 · 24

5. 책이 당신의 브랜드를 영구적으로 홍보한다 · · · · · · · · · · · · · · · · · · 27

6. 책으로 눈에 띄는 보랏빛 소가 되라 · 31

7. 특화된 노하우를 책으로 내면 직업이 생긴다 · · · · · · · · · · · · · · · · · · 35

8. 미션이 담긴 책은 장밋빛 미래를 끌어당긴다 · · · · · · · · · · · · · · · · · · 39

9. 책으로 가능한 성찰과 힐링, 전수· 43

제2장

콘텐츠는 무궁무진하고 누구나 책을 쓸 수 있다

1. 콘텐츠가 전문 작가를 이긴다 · 49

2. 책 쓰기에 필요한 문장은 결코 어렵지 않다 · · · · · · · · · · · · · · 53

3. 당장 써먹을 수 있는 실용적인 콘텐츠가 뜬다 · · · · · · · · · · · · 56

4. 꼭 알아야 할 자기계발 콘텐츠의 거장 5명 · · · · · · · · · · · · · 59

5. 인터넷은 지식과 정보의 보고 · · · · · · · · · · · · · · · · · · · 65

6. 베스트셀러를 쏟아 내는 파워블로그와 우수 카페 · · · · · · · · · · 69

7. 더블 밀리언셀러 콘텐츠의 원천, SNS · · · · · · · · · · · · · · · · 72

8. 콘텐츠의 생명은 수요가 결정한다 · · · · · · · · · · · · · · · · · 76

제3장

참신한 기획에서 좋은 책이 나온다

1. 번득이는 기획은 신문에서 나온다 · · · · · · · · · · · · · · · · · · 81

2. 인터넷 서점을 백 프로 활용하라 · · · · · · · · · · · · · · · · · · 85

3. 서점에서 관심 분야 책을 살펴보라 · · · · · · · · · · · · · · · · · 88

4. 콘셉트가 베스트셀러를 결정한다 · · · · · · · · · · · · · · · · · · 91

5. 베스트셀러 출판 기획 노하우 10가지 · · · · · · · · · · · · · · · · 95

6. 좋은 제목은 책을 춤추게 한다 · · · · · · · · · · · · · · · · · · · 99

7. 타깃을 정하고, 니즈를 간파하라 · · · · · · · · · · · · · · · · · · 103

8. 빅 트렌드를 포착하라 · 107

9. 스토리텔링을 적극 활용하라 · 110

제4장
벽돌을 쌓듯이 글쓰기부터 차근차근

1. 좋은 문장을 아는 만큼 제대로 쓸 수 있다 · · · · · · · · · · · · · · · · 117

2. 꾸준히 써야 간결한 문장이 나온다 · · · · · · · · · · · · · · · · · · 121

3. 필사가 글쓰기 훈련 비법이다 · 125

4. 최대한 쉬운 단어를 사용하라 · 128

5. 단문으로 쓰면 의미가 잘 전달된다 · · · · · · · · · · · · · · · · · · 131

6. 속으로 소리 내 읽으면서 글을 쓰라 · · · · · · · · · · · · · · · · · · 135

7. 입 말투가 독자를 사로잡는다 · 138

8. 한 단락에 하나의 주제를 담자 · 141

제5장
아무리 콘텐츠가 좋아도 잘 써야 보석이 된다

1. 책 쓰기의 ABCD · 147

2. 책을 낸다고 선포하라 · 151

3. 책을 잘 쓸 수 있는 습관을 만들라 · · · · · · · · · · · · · · · · · · 154

4. 책 쓰기의 롤모델을 벤치마킹하라 · · · · · · · · · · · · · · · · · · 158

5. 책 쓰기 모델 1 : 에세이형 · 162

6. 책 쓰기 모델 2 : 스토리텔링형 · 165

7. 책 쓰기 모델 3 : 에세이 + 스토리텔링형 · · · · · · · · · · · · · · · 168

제6장
한 꼭지가 완성되면 책 쓰기는 일사천리

1. 장제목으로 독자를 유혹하라 ·175
2. 소제목에 트렌드를 반영하라 ·179
3. 인상적인 도입부로 시선을 사로잡아라 · · · · · · · · · · · · · ·183
4. 본문은 설득이 생명이다 ·187
5. 화룡점정의 결말을 쓰라 ·191
6. 고치고 또 고쳐 쓰라 ·195
7. 타인에게 읽혀 보고 묵혀 둬라 ·198

제7장
책을 냈으면 베스트셀러를 만들라

1. 많은 인맥이 베스트셀러를 보장한다 · · · · · · · · · · · · · · · ·205
2. 뜨겁게 노출하고, 널리 알려라 ·209
3. 때로는 작지만 강한 출판사가 좋다 · · · · · · · · · · · · · · · · ·213
4. 자비 출판의 이점을 활용하자 ·217
5. 좋은 예감으로 계속 문을 두드려라 · · · · · · · · · · · · · · · · ·220

부록 :

부록 1: 출판 기획서 양식 ·224
부록 2: 고수유 작가 책 본문 맛보기 · · · · · · · · · · · · · · · · · ·226
'1등의 책쓰기' 코칭 프로그램 ·240

제1장

책이 당신의 운명을 바꾼다

사람은 책을 만들고 책은 사람을 만든다.

– 대산 신용호(교보그룹 창업주)

책이
내 브랜드를 창출한다

"내세울 게 없는데 어떻게 책을 내죠?"

흔하게 듣는 이 질문은 책 출간에 대한 편견에서 비롯된 질문이다. 꼭 전문 작가나 사회적 입지가 두터운 유명 인사만이 책을 낼 수 있는 것은 아니기 때문이다. 책을 낼 만한 콘텐츠를 갖고 있느냐 아니냐가 중요하지 저자가 전문 작가 혹은 유명 인사인지는 책 출간에 있어 결코 중요한 고려사항이 아니다. 오히려 책을 내기 전에는 아무도 알아주지 않는 무명씨였지만, 책을 출간한 계기로 유명 저자로 발돋움한 경우가 적지 않다.

『바람의 딸, 걸어서 지구 세 바퀴』의 한비야, 『꿈이 있는 아내는 늙지 않는다』의 김미경, 『총각네 야채가게』의 이영석, 『이기는 습관』의 전옥표. 이들의 공통점은 무얼까? 그렇다. 이들은 전문 작가도 유명 인사도 아니었지만, 그들이 쓴 책이 뜨면서 파워 있는 저자로 이름을 알리게 된 작가들이다.

한비야는 평범한 직장 생활을 하다가 서른세 살에 직장을 그만두고 세계 여행에 나섰다. 그녀의 여행 이야기를 바탕으로 1996년 『바람의 딸, 걸어서 지구 세 바퀴』를 출간했다. 그녀가 몸이 아파 여행을 할 수 없었을 때, 출판사로부터 출간 제의를 받고 쓰게 된 책이었다. 한비야를 단숨에 최고의 여행작가로 만들어 준 이 책은 이렇듯 우연하고 사소한 기회를 통해 쓰였다.

스피치 강사 김미경은 어떨까? 평범한 주부에서 탈출한 그가 프리랜서 강사에서 시작해 연봉 10억대 스타 강사가 된 것은 자신의 브랜드를 알린 책이 있었기에 가능했다. 김미경은 『한 달에 한 번, 12명의 인생 멘토를 만나다』에서 이렇게 말한다.

"스물아홉에 강의를 처음 시작했을 때, 나는 그냥 '강사 김미경'이었다. 그런데 서른한 살에 브랜드가 생겼다. 『나는 IMF가 좋다』라는 책을 펴내고 '저자 김미경'이 된 것이다. 책 한 권을 내고 나니 강사료가 올라갔다. 저자라는 브랜드가 있고 없고의 차이는 엄청났다. 그리고 또 한 권의 책을 냈다. 그러자 '베스트셀러 저자'라는 수식어가 붙기 시작했다. 사실은 5만 부가 팔렸는데 사람들은 10만 부가 팔렸다며 알아서 내 브랜드를 높여 주었다."

『총각네 야채가게』는 대치동 아파트 앞, 18평의 야채가게의 성공 스토리이다. 평범하다 못해 하찮게 느껴지는 소재의 이야기가 성공 스토리로 출간되자 책은 일약 100만 부의 베스트셀러가 되었다. 책과 함께 가게명은 물론 저자로서 그의 이름이 널리 알려지면서 동네 야채가게 사장이었던 그는 성공 스토리 작가 이영석으로서 자신의 브랜드 가치를 높일 수 있게 되었다.

『이기는 습관』의 저자 전옥표는 자신의 책에 삼성전자에서 애니콜, 파브, 지펠, 하우젠 등의 성공 신화를 일구어 내는 것을 비롯해 유통 현장의 혁신을 이루어 낸 경험담을 담았다. 이 책을 내기 전 저자 전옥표는 관련 업계에서만 알아보는 인물에 불과했다. 그런 그가 자신의 마케팅 노하우를 독자들이 이해하기 쉽도록 쓴 책을 출간했고, 이 책은 150만 부의 베스트셀러가 되었다. 이렇게 해서 자신의 브랜드를 확고히 다진 그는 현재 경영컨설팅 업체 '위닝연구소'로 인생 2막을 화려하게 열어 가고 있다.

이들 네 명의 저자는 웬만한 독자라면 모르는 사람이 없는 유명 저자이다. 책을 내기 전 그들은 이름이 전혀 알려지지 않은 무명씨에 불과했고, 작가 수업을 받은 전문 작가도 아니었다. 그러나 그들에게는 남에게 없는 차별화된 콘텐츠가 있었고, 이를 잘 엮어 책으로 출간하게 되면서 빛나는 저자 브랜드를 가질 수 있었다. 내세울 게 있어야 책을 내는 게 아니라, 책을 냄으로써 내세울 게 생기게 된다는 걸 잊지 말자.

책을 낼 때 자신이 전문 작가인지 유명 인사인지의 여부는 결코 중요한 고려사항이 아니다. 중요한 것은 책을 낼 만한 좋은 콘텐츠를 갖고 있는지에 대한 여부이다.

백 마디 말보다
한 권의 책

요즈음 코치와 강사, 컨설턴트를 업으로 하는 분들이 꽤 많다. 처음부터 이 분야에 흥미를 느껴서 전업으로 시작한 분들도 있지만, 부업이나 직장 경력을 살려 새로운 인생을 시작하는 분들도 적지 않다.

라이프 코치, 비즈니스 코치, 웃음 치료 강사, 경영 컨설턴트, 창업 컨설턴트, 마케팅 강사, 자기계발 강사, 리더십 강사, 다이어트 강사, 진로·학습 컨설턴트, 이미지 컨설턴트, 스피치 강사 등 수많은 코치와 강사, 컨설턴트들은 자신의 콘텐츠를 알리기 위해 무한한 열정을 쏟고 있다. 이분들 가운데 몇몇 분은 방송을 타면서 스타 코치, 컨설턴트, 강사로 이름을 날리기도 한다. 유명 강사나 컨설턴트의 경우 대부분 저자라는 또 다른 직함을 갖고 있다. 발 빠르게 자신의 위치를 선점하려는 센스 있는 코치, 강사, 컨설턴트들은 코칭, 강의와 컨설팅에 대한 집중도, 호감도를 끌어올리기 위한 방편으로 책을 내고 있다. 이는 매우 효과적인 전략이라 할 수 있다. 아무리 다년간 코칭, 강의, 컨설팅을 해 온 풍부한 경력이 있다고 해도, 그것을 어필할 수 있는 책이 없다면 청중의 관심을 사로잡을 수 없다.

　대부분의 코치, 강사, 컨설턴트는 자신만의 콘텐츠를 담은 블로그나 명함을 통해 자신의 능력과 경력을 어필하려고 한다. 이들이 강의, 코칭과 컨설팅 제안을 위해 기업체와 기관 담당자를 만나게 되면, 자신의 경력에 대해 구구절절 늘어놓을 수밖에 없다.

　"대학은 어디를 나왔고…… 어느 리더십 센터를 수료한 후…… 강의 경력은…….."

　계약이 되고 나서도 마찬가지다. 강의를 할 경우, 또다시 자신에 대해 소개하는 말을 반복해야 한다. 하지만 자신의 저서가 있다면 상황은 달라진다. 책을 낸 강사는 자신의 경력에 대해 지루하고 일상적인 말을 반복할 필요가 없다. 저서가 있는 강사라면 자신의 책 한 권을 담당자 앞에 내놓고 이렇게 말할 것이다.

　"이 책의 저자입니다. 저의 모든 것이 이 책에 들어 있습니다. 보시고 결정해 주십시오."

자신의 책이 있는 강사는 강의를 따낼 가능성이 매우 크다. 책을 통해 검증된 강사의 자질과 경력은 담당자의 신뢰도와 최종 결정에 막강한 영향을 끼치기 때문이다.

　대부분의 강사들은 파워포인트와 유인물, 복사집에서 제본한 소책자를 활용해 강의를 한다. 그러나 파워포인트는 한번 보고 나면 잊히게 되고, 출력한 A4 용지 몇 장은 잘 간수하지 않는 이상 분실할 가능성이 크며, 어설프게 제본된 소책자는 강사의 이미지를 외려 실추시킬 우려가 크다. 그러나 개인 저서가 있다면 강의를 할 때 유인물이나 어설프게 제본된 책이 필요 없게 된다. 강의의 모든 콘텐츠가 고스란히 책에 담겨 있기 때문이다. 훨씬 간결해진 파워포인트는 강의 보조 수단이 될 뿐이다. 청중은 책을 통해 강사와 교감하고 강의 내용에 보다 몰입할 수 있다. 강사 또한 훨씬 효율적이고 매끄럽게 강의를 진행해 나갈 것이다.

　강의를 할 때에도 책은 분위기 메이커 역할을 한다. 제일 먼저, 강사는 청중 앞에서 자신의 책을 들고 자신을 소개하게 된다.

　"이 책을 보시다시피 앞으로 강의할 콘텐츠에 대해 그 누구보다 전문가임을 자부합니다."

　개인 저서는 강사에 대한 청중의 신뢰를 형성하는 매개체가 된다. 청중이 강사에게 갖는 신뢰와 호감은 수업 전반의 집중력에도 영향을 미친다. 또 강의뿐만이 아니라 코칭과 컨설팅에서도 책은 강력한 효력을 발휘한다. 그들의 비즈니스 상황에서 자신을 소개하는 일상적인 말 대신 책으로써 자신을 보여 줌으로써 자신의 경력과 함께 콘텐츠의 우수성을 입증할 수 있다. 책이 없는 코치와 컨설턴트는 말의 보따리를 끙끙 짊어지고 다니는 신세라고 하면 지나친 과장일까?

개인 저서는 강사에 대한 청중의 신뢰도를 높여주는 매개체가 된다. 코칭과 컨설팅 상황에서 책은 자신의 자질과 경력을 잘 드러내 줌으로써 경쟁력을 높여 준다.

내 이름으로 낸 책은
박사학위나 마찬가지

Specialist, Professional, Master, Expert

이 네 단어들은 모두 '전문가'라는 뜻이 있다. 비즈니스의 세계에서 인정받는 인재가 바로 '전문가'이며, 해당 분야의 전문적인 지식과 정보, 기술을 습득한 사람이어야지만 치열한 비즈니스 경쟁 속에서 살아남을 수 있다.

필자는 문학박사 학위를 갖고 있는 전문가이다. 박사 학위는 최상위 전문가임을 입증하는 자격증이기도 하다. 하지만 유감스럽게도 필자는 박사 학위를 제대로 활용하지 못하고 있다. 최근 학계 상황을 살펴보면 내게 문제가 있어 그런 것 같진 않다.

최근 들리는 '박사 네 명 중 한 명이 백수'라는 말은 박사 학위가 경력 개발에 큰 효력이 없다는 것을 반증하는 말이다. 특히 문학 분야는 오라는 데가 그리 많지 않다. 그래서 오랜 시간을 투자해 얻게 된 문학 박사 학위는 별 다른 힘을 발휘하지 못하고 있다.

비즈니스 세계에 종사하시는 분 중에도 바쁜 시간을 쪼개 석사, 박사 학위를 따려고 애쓰는 경우가 많다. 다른 이유도 많겠지만 특히 해당 분야의 전문성을 확보하기 위한 방편일 경우가 많다. 가령, 경영 일선에서 활동하는 분의 경우 MBA를 취득함으로써, 경영 역량의 전문성을 인정받게 되고 더불어 그가 직장 생활에서 얻을 소득도 상당히 증가할 것이다. 그런데 학위를 받을 만한 처지가 되지 않거나, 새로이 창출된 직업에 종사하는 분들은 어떻게 해야 할까? 이들은 어떻게 자신의 전문성을 내세울 수 있을까?

이때 유용한 방안이 책을 내는 것이다. 비즈니스 현장에서 필요한 자신만의 경험과 노하우를 담은 책은 쓸데없는 겉치레로 따는 학위보다 백배는 낫다. 또한 자신이 전문가임을 입증하는 책은 즉각적으로 비즈니스 현장에서 활용할 수 있다.

네이버에서 '전문가'를 검색해 보면, 다음과 같은 직업이 나온다.

마케팅 전문가, 스포츠마케팅 전문가, 온라인마케팅 전문가, 국제마케팅 전문가, 부동산 전문가, 주식 전문가, 상담 전문가, 커피 전문가, 네트워크 전문가, 애니 전문가, 보안 전문가, 컴퓨터 전문가, 경품 전문가, 중국 전문가, 축구 전문가, 지역사회 전문가, 게임 전문가, 자동차 전문가, 영어 전문가, 물류

전문가, 수입전문가

이처럼 다양한 비즈니스 현장에서 각각의 상황과 요구에 알맞은 전문가들이 필요하다. 여러 분야에서 특화된 지식과 정보, 숙련된 노하우가 필요하다는 말이다. 수많은 업계에서 다양한 전문가들이 분포해 있음에도 박사 학위와 관련된 분야는 찾아보기 힘들다. 때문에, 이러한 분야에 종사하는 전문가는 책을 냄으로써 해당 분야의 전문가라는 것을 입증할 수 있다.

빌딩 청소부를 하는 고졸 젊은이가 있었다. 얼마 지나지 않아 그는 세계적인 인생 코치이자 변화 심리학 권위자이며, 세계에서 가장 뛰어난 인물 10에 들었다. 그는 대학 문턱을 넘어 본 적이 전혀 없다. 그런데 어떻게 해서 이런 일이 생길 수 있었을까? 그는 NLP(Neuro Linguistic Programming)의 전문성에 기초한 『네 안의 잠든 거인을 깨워라』, 『거인의 힘 무한능력』, 『거인이 보낸 편지』 등을 냈다. 이 책은 도합 천만 부가 전 세계로 팔려 나갔다. 그의 이름이 바로 앤서니 라빈스이다.

비즈니스 현장에서 필요한 자신만의 경험과 노하우를 담은 책을 냄으로써 해당 분야의 전문가라는 것을 입증할 수 있다.

책으로
부족한 스펙을 보완하라

 명문대 출신이며, 코칭 역량이 보통이다.
 지방대 출신이며, 코칭 역량이 매우 뛰어나다.

고객들은 두 명의 코치 중에 누구를 더 선호할까? 상식적으로는 실력이 더 뛰어난 B 코치가 더 인기가 많을 것 같다. 하지만 우리나라 현실을 고려해 볼 때 답은 그 반대이다. 우리나라는 실력보다는 스펙을 더 우선시하는 경향이 있다.

우리나라에서는 코치뿐만 아니라 다양한 분야의 강사와 컨설턴트 등의 분야에서 스펙을 중요시한다. 고객들 또한 강사, 코치, 컨설턴트의 스펙을 따져 결정하는 경우가 매우 많다. 물론 스펙이 다가 아니라는 생각을 하는 사람들이 최근 늘고 있는 추세긴 하지만 아직까지 우

24

리나라에서는 출신 학교가 한 사람의 실력을 평가하는 중요한 잣대가 된다는 것을 부정할 수는 없다.

이러한 문제는 개인의 시간과 역량 투자에서 비효율 문제로 이어진다. 위에서 예로 든 B는 부족한 학벌을 보완할 수 있는 명문 대학원 졸업증명서를 따기 위해 시간을 투자한다. 비즈니스를 하다가 공부할 때를 놓치거나, 따로 공부할 시간적 여유가 없는 분들은 정식 학위가 아닌 명문대 이름의 최고위 과정 수료증을 따는 데 안달이 난다. 그래서 기업인은 물론 정치인, 강사, 코치, 컨설턴트들 가운데, 유명 대 최고위 과정 이수를 하는 분이 많다. 스펙을 보충해 줄 한 줄이 필요한 것이다.

스펙을 보충해 줄 수 있는 방법은 이것밖에 없을까? 자신에게 석·박사 학위나 최고위 과정 수료증이 단지 스펙을 보충할 형식적인 것에 지나지 않을 것 같다는 생각이 든다면 책을 내는 것이 아주 좋은 방법이다. 위에서 예로 든 B가 자신의 콘텐츠를 담은 책을 낼 경우, 그의 스펙에는 한 줄이 추가된다. 이 한 줄이 그의 역량을 한껏 돋보이게 할 뿐만 아니라 몸값을 올려 줄 것이다.

모 여성 컨설턴트의 이미지 컨설팅 강의를 들은 적이 있다. 여 컨설턴트는 좌중을 압도하면서 능숙하게 강의를 잘 진행했다. 그런데 그녀와 일대일 대면하자, 그녀가 이상하게 쭈뼛거렸다. 그녀가 내게 준 명함을 보았다. 그녀는 다년간 기업체와 기관에 출강을 하고 있었다. 그런데 학력란이 빈 공간으로 남아 있었다.

시간이 지난 얼마 후다. 인터넷 서점에서 그녀가 낸 책을 보게 되었다. 마침, 그녀가 내게 책을 한 권 주겠다며 보자고 연락해 왔다. 강남 모 카페에서 만났다. 그녀가 내민 책 위에 명함이 있었는데, 얼마 전에 출간한 책 이름이 적혀 있었다.

그녀는 전과 달리 눈빛에 힘이 있었다. 모 잡지에서 인터뷰 기사가 나왔다면서, 이렇게 말했다.

"책을 내게 되니까 많은 도움이 되었어요. 전보다 강의료가 높게 책정이 되었고 또 출강 섭외를 요청하는 곳이 늘었어요. 또한, 내 이름을 건 책을 내게 되니까 자신감이 생겼어요. 전 학력으로는 별로 내세울 게 없었는데, 이 책이 그 점을 많이 보완해 주었어요. 저는 이미지 컨설팅 말고 대학교 때의 전공을 살리면, 이름 있는 대학교 대학원에 진학할 수 있는 충분한 실력이 있어요. 그런데 그 전공이 이미지 컨설팅에는 별반 도움을 주지 않기 때문에 대학원에 진학하지 않기로 했죠. 그래서 지금 내가 하는 일에 더 시간과 노력을 투자하기로 했는데, 그 결과물로 이 책이 나온 거예요."

자신의 잠재된 가치와 역량을 책 속에 담는다면 이는 또 다른 가능성과 자신감이 되어 줄 것이다.

책이 당신의 브랜드를
영구적으로 홍보한다

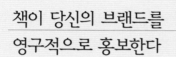

모 곱창집 C 사장님을 만난 적이 있다. 그분은 사업을 했던 경력을 살려, 외식업으로 인생 2막을 열어 가고 있었다. 치킨집, 호프집, 한식집, 카페 등과 같이 누구나 쉽게 덤벼드는 외식업을 피했다. 그분은 철저히 시장을 조사하고, 또 자신이 좋아하는 요리인 곱창을 간판으로 내건 가게를 열었다.

서울 근교 대학가에서 작게 시작한 가게는 급속도로 번창했다. 그분은 비즈니스에 대한 자신감이 들자, 가게 이름을 걸고 프랜차이즈를 하기로 결심했다. 우선적으로 해결해야 할 문제는 어떻게 전국을 상대로 홍보 마케팅을 하느냐였다.

"요즘 신문 광고 보는 분들이 별로 없잖아요. 한두 번 하는 것도 아니고 여러 번 하려면 수천만 원의 비용이 들죠. TV 광고 비용은 억대가 들기 때문에 엄두도 못내요."

"그러면 바이럴 마케팅은 해 보셨습니까?"

"그것도 좋기는 하지만 효과가 미지수에요. 비용도 일 년 기준 이삼천만 원이 들죠. 차라리 내가 틈틈이 블로그, 카스를 잘 관리하는 게 낫죠."

"그러시면 어떻게 하셨습니까?"

그분이 웃음을 띠며 말했다.

"책을 냈습니다. 내 개인적인 스토리를 중심으로 경영 노하우, 직접 개발한 조리 기구와 요리법을 소개했죠. 다행히 제 가게가 간간이 TV에 소개된 적이 있어서, 어렵지 않게 책을 낼 출판사를 찾을 수 있었어요. 가게 인지도 덕분에 출판사에서 흔쾌히 계약을 해 주더라구요."

"그러셨군요. 책 출간이 프랜차이즈 홍보에 어떤 도움이 됐나요?"

"우선 책을 내니까 모 경제 신문과 인터넷 신문사에서 책 리뷰 기사를 내 주었어요. 거기다가 내 가게를 찾는 손님들이 블로그와 카페 SNS에 음식평과 함께 책을 올려놓더라고요. 그래서 검색어로 내 가게 이름을 치면 근사한 내 책의 표지가 줄줄 나온답니다. 이렇게 되니까 우리 프랜차이즈 브랜드가 전국적으로 홍보가 되더라고요. 요즘 매일같이 지방에서 우리 프랜차이즈 브랜드를 접하고 가맹점 하고 싶다고 연락이 와요."

이분은 홍보 도구로서의 책을 잘 활용했다. 신문 광고, 잡지 광고, TV 광고, 전단지, 현수막, SNS 광고 등 다양한 홍보 수단이 있지만 효과가 가장 지속적인 것은 단연 책이라고 할 수 있다. 앞서 말했듯이 책이 출간되면 언론 리뷰가 나온다. 외식업 사장님들은 지명도 있는 신문사에서 자신의 가게 이름 한 줄만이라도 기사화해 주길 바란다. 큰 마음 먹고 수백만 원대의 스토리텔링 광고를 시도해 보지만 광고 효과가 오래 지속되지 못하고 일회성으로 그치고 마는 경우가 훨씬 많다.

책은 다르다. 전국 곳곳의 서점에 진열되어 판매되는 책의 생명은 영구적이다. 한 번 만들어진 책은 서점에서 꾸준히 진열되어 홍보 역할을 할 뿐만 아니라 도서관에서도 잘 소장되어 원하는 사람 누구나 열람할 수 있다. 이와 함께 책은 블로그, 카페, 인터넷 서점 등에서 지속적으로 노출됨으로써 홍보 효과를 낸다.

특히, 책은 C 사장님처럼 프랜차이즈를 운영하는 분들에게 더욱 유용하다. C 사장님의 경우 프랜차이즈 개설 희망자에게 책을 내보일 것이다. 하루에도 수많은 외식업 프랜차이즈가 문을 닫고 있는 현실에서, 가맹점 희망자는 비전이 있는 프랜차이즈 브랜드와 신뢰할 수 있는 대표를 원한다. 이때 가맹점 희망자는 C 사장님의 땀 냄새 나는 성공 스토리와 함께 경영 원칙과 마인드, 그리고 확고한 비전이 잘 소개된 책을 읽으면서 마음이 움직이게 되지 않을까? '이 브랜드 대표님이라면 같은 배를 타도 안심이 된다. 이 대표님의 경영 수완이라면 틀림없이 고소득을 보장할 수 있어.'라고 말이다.

이렇듯 책이 비즈니스의 확장에도 실질적인 도움을 주는데, 그 효력이 몇 달, 몇 년에 그치지 않고 수십 년간 영구적이라고 할 수 있다.

책은 자신의 브랜드를 수십 년간 지속적으로 노출시킬 수 있는 홍보 효과가 있어 비즈니스의 확장에 실질적인 도움을 준다.

책으로
눈에 띄는 보랏빛 소가 되라

변호사, 의사, 한의사, 공인 회계사

소위 '사(士)'자가 들어가는 이 네 가지 직업은 사회적으로 선망 받는 직업이다. 적어도 몇 년 전까지는 그랬다. 이제는 상황이 달라졌다. 시장은 제한되어 있는데 비해, 해마다 '사(士)'가 쏟아지다 보니 갈수록 '사(士)'의 입지가 줄어들고 있다.

얼마 전에 신문을 보다가 이런 제목의 기사들을 보게 되었다.

개업 변호사 1만 명 시대, 5명 중 1명이 문 닫는다

휴업 회계사 4,880명, 5년 만에 두 배 증가

개원의 5명 중 2명 부채 3억 원 이상

사정이 이렇다 보니, '사(士)'들은 할 수 있는 홍보, 마케팅 수단을 다 동원한다. 그래서인지 남자인 나도 페이스북과 카카오톡에서 강남의 유명 성형외과의 광고를 자주 접하게 된다. 돈 많이 번다는 강남의 성형외과도 요즘 사정이 별반 다르지 않다. 강남에만 성형외과가 540여 개가 밀집되어 있는데, 경쟁이 치열하다 보니 평균적으로 90군데가 신규 개업을 하면 61군데 의원이 폐업을 한다고 한다. 그래서 강남의 성형외과는 살아남기 위해, 전투적으로 SNS 홍보 전쟁을 벌이고 있다.

문제는 무차별적인 홍보가 얼마나 효과를 발휘할 것인가이다. 간혹, 성형외과의 카톡 광고를 보고 홈페이지에 들어가 보면 다들 대동소이하다. 도식적이고 천편일률적이다. 성형외과의 이름과 견적이 다를 뿐 그 외의 모든 게 비슷비슷하다. 그래서 기억에 남지 않는다.

이는 변호사, 의사, 한의사, 공인회계사의 홈페이지에도 해당된다. 다들 비즈니스 이야기에서 시작해 딱딱한 비즈니스 이야기로 끝난다. 여기에다가, 슬쩍 가격이 저렴하다는 걸 강점으로 내세운다. 이것만으로 경쟁자와의 차별화를 이끌어 낼 수 없다.

한 권의 책을 팝업창으로 띄우면 어떨까? 이렇게 하면 홈페이지를 방문한 고객은 책의 저자인 성형외과 원장에게 호감을 갖게 되는 것은 물론 병원과 의사의 이름까지 기억할 수 있을 것이다. 만약 감성에 호소하는 스토리텔링의 책이라면 더할 나위 없이 좋을 것이다. 꼭 홈페이지에 활용하지 않더라도 시중에 출간된 책 그 자체만으로 고객을 사로 잡을 수 있을 것이다.

변호사 B는 요즘 한껏 달아오른 창업 시장을 겨냥해 책을 냈다. 우리나라 비즈니스 시장에서는 생계형 자영업자가 80%인데, 5년 후 신생 기업 생존율이 30%에 불과하다. B 변호사는 위험천만한 창업 대열에 뛰어든 창업자에게 꼭 필요한 상가건물임대차보호법, 프랜차이즈 가맹 계약 시 주의점, 각종 규제 등을 자신의 책을 통해 설명했다. 이 책은 창업자와 예비 창업자들에게 어필하는 데 성공했고 변호사로서 그의 위상도 함께 높여 주었다.

의사와 한의사가 책을 내는 일은 비일비재하다. 매스컴을 탄 유명 의사, 한의사 치고 책 한 권 내지 않은 이는 찾아보기 힘들다. 한의사의 경우, 해독, 다이어트, 피부 관리, 자연치유 등 트렌드에 부합하는 키워드를 살린 책을 냄으로써 독자, 곧 잠재 고객에게 큰 반향을 일으키고 있다. 요즘 전 국민의 눈과 귀를 사로잡고 있는 건강 키워드를 소재로 한 권의 책을 낸다면, 다른 병의원과의 차별화에 성공할 수 있을 것이다. 공인회계사도 책을 내는 데 주저할 이유가 없다.

책에는 저자만의 차별화된 업무 노하우와 컨설팅 역량이 드러나야 한다. 이 한 권의 책이 다른 경쟁사를 제치고 일을 수주하는 데 큰 기여를 할 것이다.

전문직도 강점을 내세워 차별화해야만 살아남을 수 있는 시대가 되었다. 수많은 누런 소들 사이에 있는 '보랏빛 소(Purple Cow)'의 가치를

독자에게 알릴 수 있는 리마커블(remarkable)한 홍보 수단이 바로 책이
될 수 있다는 점을 잊지 말자.

자신만의 차별화된 업무 노하우와 컨설팅 역량이 담긴 책을 낸다면 수많은 경쟁자
가운데 단연 돋보일 수 있는 경쟁력을 갖출 수 있게 된다.

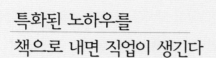

특화된 노하우를
책으로 내면 직업이 생긴다

어느 모임에서 라이프 코치로 활동하는 S를 만났다. 스튜어디스 출신인 그녀가 내게 책을 내밀었다. 스튜어디스를 대상으로 한 책이었다.

"스튜어디스 합격 노하우를 담은 책인가요?"
그녀가 말했다.
"그 내용도 일부 들어 있어요. 이 책은 단지 면접, 자기 소개서 쓰는 비법을 소개하는 것에서 그치지 않았어요. 이 책은 주로 승무원으로서 소양과 자질을 계발하는 방법을 소개했어요. 저만의 코칭 노하우를 승무원 지망자들에게 전달하기 위한 책이죠."

그러곤 자신의 명함을 보여 주었다. 명함에는 '승무원 코치'라는 직함이 적혀 있었다. 그때서야 S씨가 새로운 분야를 개척했음을 알 수 있었다. 코치 관련 기업이 우후죽순으로 생겨남에 따라 '코치'라는 직함을 단 분들을 자주 볼 수 있다. 그러나 대부분의 코치들이 특화된 업무 강점 없이 라이프 코치니 비즈니스 코치니 하면서 구체적이지 않은 분야와 고객을 대상으로 활동한다. 그런데 S씨는 승무원 경력을 잘 살려 기존에 없던 새로운 시장, 블루오션을 창출한 셈이었다.

S씨는 승무원 코치로 활동하기 위해서 무엇보다 그녀만의 특화된 노하우를 집약시킬 책이 필요하다고 판단했을 것이다. 이 책이 출간됨으로써 자타가 공인하는 대한민국 승무원 코치 1호가 될 수 있을 뿐만 아니라, 승무원 지망생이자 잠재 고객들에게 홍보를 할 수 있었다. S씨와의 만남 이후에 그녀의 책에 대한 반응이 궁금해 인터넷으로 검색을 해 보니 역시나 새로운 분야를 개척한 S씨와 책에 대한 반응이 뜨거웠다. 여러 신문사에서 기사를 실어 주었고 또 방송에도 출연시켜 주었다.

이처럼 코치를 하기 위해서 오랫동안 쌓아 온 특화된 노하우를 집약시키는 건 매우 중요하다.

'내가 1호다'라면서 벌이는 원조 논쟁을 비즈니스 세계에서 종종 접한다. 요즘 창업 시장에서 가장 핫한 스몰비어는 원조 논쟁이 뜨겁게 벌어지고 있다. 바로 이 경우, 책이 1호를 입증하는 효력을 발휘한다. 만약, 누군가 승무원 코칭이 장사가 된다는 소문을 듣고 스튜어디스 코칭 전문 학원을 차리면서 자기가 1호라고 떠벌린다고 하자. 이런 경우, S씨는 책의 출판 연도를 근거로 자신이 1호임을 당당히 주장할 수 있기 때문이다.

S씨처럼 자기만의 특화된 노하우를 책으로 냄으로써 새로운 직업을 만든 경우가 적지 않다. 대표적으로 몇 해 전에 전국적으로 열풍을 몰고 온 한 사례를 보자.

"정리를 잘 하는 사람의 공간은 고인 물이 아닌 흐르는 물과 같다. '순환'이 아닌, '흐름'을 만드는 것, 이것이 공간 정리의 핵심이다. 흐름이란, 물건이 들어와서(input) 제대로 나가게(output) 하는 것이다. 무언가 새로운 것이 하나 들어오면 다른 하나가 반드시 나가야 한다. 들어온 물건은 다음에 사용하기 편하게 하기 위해서 수납이 되어야 하며, 사용한 물건도 다음에 또 깨끗하게 사용하기 위해서 청소가 되어야 한다. 사용한 물건이 오래되거나 헤져서 사용할 수 없으면 공간 속에서 빼내야 한다."

정리 컨설턴트 국내 1호 윤선현의 『하루 15분 정리의 힘』에 나오는 글이다. 그는 다년간 정리를 해 온 경험을 살려, 공간, 시간, 인맥 세 가지를 전문적으로 정리하는 책으로 냄으로써 정리 컨설턴트라는 직업을 창출했다. 그는 이 책의 선풍적인 반응에 힘입어 정리 컨설팅 전문 회사를 운영하고 있다.

다른 사람에게 없는 나만의 독특한 노하우를 가진 사람은 많다. 그

가운데 비즈니스 세계에서 하나의 직업으로까지 연결되는 경우가 많지 않기 때문에, 자신의 이름을 건 책의 도움이 필요하다. 전국을 대상으로 자신이 1호임을 부각한 책을 내면, 잠재된 시장이 수면 위로 떠오르게 된다. 이를 통해 새로운 직업이 창출될 것이다.

자신만의 특화된 노하우를 책으로 냄으로써 새로운 직업, 새로운 시장, 블루오션을 창출할 수 있다.

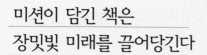

미션이 담긴 책은
장밋빛 미래를 끌어당긴다

"목표를 확립하고 행동하는 가장 좋은 방법은 자기 사명, 즉 자신의 인생철학 내지 신조를 작성하는 것이다. 자기 사명서는 우리가 어떤 사람이 되기를 원하는가(성품), 무엇을 하기를 원하는가(공헌 및 업적)를 기술하고, 자신의 존재와 행동이 바탕을 두고 있는 가치와 원칙에 초점을 맞춘다."

스티븐 코비의 『성공하는 사람들의 7가지 습관』에 나오는 말이다. 그에 따르면 사람은 주어진 각본에 따라 살아가고 있는데, 상상력과 양심의 힘으로 자신의 삶을 '재 각본화'하여 새로운 삶을 살 수 있다고 말한다. 이때 자기가 원하는 삶을 이끄는 데 좋은 방법이 자기 사명서를 쓰는 것이라고 한다.

종이 위에 객관화된 언어로 자기 사명서를 써 놓는 것과 그렇지 않은 것은 천지 차이다. 종이 위에 적힌 자기 사명서는 지속적으로 스스로에게 자극을 주어 잠재의식 깊숙이 파고든다. 이 과정에서 잠재의식에 변화가 생기고 행동과 습관에 변화가 생기게 된다. 궁극적으로 목표 성취의 강력한 동기 부여가 된다.

자기 사명서를 작성해 목표를 달성한 대표적인 인물로 존 우든을 들수 있다. 그는 88연승이라는 스포츠 사상 전무후무한 기록을 세운 농구 코치이다. 그가 이끄는 UCLA팀은 12년간 일곱 번의 연승과 함께열 번의 NCAA 우승컵을 손에 쥐었다. 그는 선수로서뿐만 아니라 코치로서 농구 명예의 전당에 헌정된 유일한 인물이다.

그가 이렇게 위대한 성취를 거둘 수 있었던 건 바로 자기 사명서를작성했기 때문이다. 그는 돈을 많이 벌수 있는 일자리를 거절하고 청춘에 대한 애정과 책임감을 중요하게 여겼다. 기본적으로 그는 사명의식을 갖고 농구 코치를 한 것이다. 그가 쓴 사명서는 다음과 같다.

① 자신에게 솔직하라.
② 하루하루를 자신의 최고의 작품으로 만들어라.
③ 다른 사람들을 도와라.
④ 좋은 책을, 특히 성경을 음미하라.
⑤ 예술을 가까이 하라.
⑥ 비오는 날에 대비해 피난처를 마련하라.

⑦ 이끌어 달라고 기도하고, 매일매일 축복에 감사드린다.

사실, 자기 사명서가 목표와 꿈을 이루어 준다는 주장은 허황된 이야기로 치부될 수도 있다. 하지만 이와 관련한 연구 내용들을 살펴보면 이는 결코 과장되거나 허황된 말이 아니라는 것을 알 수 있다.

리처드 벤들러와 언어학자 존 그린더가 창시한 신경언어프로그래밍(Neuro-linguistic Programming)에 따르면 자기 사명서처럼 언어를 매개로 한 자기 변화는 충분히 근거가 있는 것이다. 신경언어프로그래밍은 이미 상담학, 교육학, 심리학, 의약학 등에서 공인받은 이론으로, 이 이론을 뒷받침할 수 있는 학술논문, 석·박사 논문이 수도 없이 많다.

그러면 자기 사명서를 어떻게 책에 담을 수 있을까? 책에서의 자기 사명서는 곧 미션이다. 비즈니스에 종사하는 분들의 경우, 그동안 이루어 온 성공 스토리와 경영 마인드, 노하우를 주로 쓰고 나서 책의 말미에 앞으로의 미션에 대해 한 꼭지 정도 서술해 볼 수 있다. 여기다가 책의 머리말과 에필로그에 담담하게 비즈니스의 미션을 적어 놓을 수 있다.

미션은 비즈니스맨의 내면을 성장시키는 것과 함께 사회에 어떤 이로움을 주겠다는 자기 선언이다. 이 미션을 통해 비즈니스맨의 운명이 '재 각본화'된다. 특히, 책에 공개적으로 표방된 비즈니스맨의 자기 사명서, 즉 미션은 자신과 비즈니스의 미래에 매우 강력하고 긍정적인 변화를 이끌어 낸다. 반복된 구태에서 벗어나 목표를 향해 매진하도록 잠재의식을 새롭게 프로그래밍화함으로써, 장밋빛 미래를 선취하도록 한다.

자신의 인생 미션을 담은 한 권의 책은 곧 자신과 비즈니스의 미래에 매우 강력하고 긍정적인 변화를 이끌어 낸다.

책으로 가능한
성찰과 힐링, 전수

"그동안 하루도 쉬는 날 없이 바쁘게 살아왔습니다. 저뿐만 아니라 지금의 우리나라 경제를 일으켜 세운 산업 역군이 다 그렇지요. 이번에 책을 내게 되니 내가 해 놓은 일들을 찬찬히 돌아보게 되었어요. 이 책을 통해 내 삶을 되돌아보게 되는군요. 아무쪼록 이 책을 통해 후배들이 시행착오를 줄이는 데 도움이 되길 바랍니다. 저는 앞으로도 후배들에게 모범이 되도록 끝까지 노력하겠습니다."

굴지의 대기업 L그룹 CEO의 말이다. 이분은 대한민국 경제 발전의 산증인이다. 우리나라에 변변한 기업체가 없어서 대졸자들이 취업할 곳이 없던 시절, 말단 사원으로 입사한 작은 기업을 맨손으로 대기업으로 만들어 놓았다. 국내에 변변한 제조업 기술이 없어서 일본 기업체를 방문했을 때 몰래 기계의 설계도면을 베껴 와 기술을 확보했다고 한다. 대한민국의 산업 발전을 이룩하기 위한 숱한 불면의 나날 끝에 마침내 제조업 분야 기술의 국산화를 이룰 수 있었다고 한다. 이렇게 해서 이분이 재직한 기업은 국내를 넘어 아시아에 이름을 알리고, 이제는 세계적인 기업으로 성장했다.

한때 코리언 밍크라 불리는 쥐 털을 수출하던 우리나라가 현재 전 세계로 스마트폰을 수출하기까지 그분을 비롯한 수많은 산업 역군의 노고가 크다. 그분들은 대한민국의 가장으로서 책임과 희생을 다해 일에 매진하여 우리나라 산업 발전에 기여했다. 그분들 한 분 한 분이 살아 있는 한 권의 경제경영서이자, 경영철학에 다름없다고 할 수 있다. 그분들이 혼신의 힘을 다해 경제 발전에 바친 삶은 고스란히 우리나라 경제사의 일부가 되었다.

이처럼 우리나라가 경제 대국으로 발돋움하기까지 전 생애를 바친 분들이 수도 없이 많다. 이분들 가운데 몇몇 분은 자의 반 타의 반으로 경영철학이나 회고록, 자서전을 내기도 한다. 그러나 많은 분이 책을 출간하는 것에 크게 관심을 갖지 않는다.

필자는 경제 성장의 주역뿐만 아니라 현재 열정적으로 활약하는 중진 기업인들이 책을 많이 내야 한다고 생각한다. 그 이유는 세 가지다.

첫 번째는 앞서 인용했듯이 책을 냄으로써 자신의 삶을 되돌아보는 계기가 된다는 점이다. 기업 사사나 사보, 칼럼 등에 비즈니스 측면으로 서술된 것과 달리, 자신의 이름으로 된 책에는 자신의 훈훈한 숨결이 담기게 된다. 경영자이기 전에 한 인간으로서 어떻게 살아 왔으며, 또한 비즈니스에서 어떤 성취를 냈는가를 차곡차곡 책으로 정리하는 과정을 통해 인생 전반을 성찰할 수 있는 기회를 얻게 된다.

두 번째는 힐링을 얻을 수 있다는 점이다. 일기가 그렇듯이 자신의 삶을 기록한 글을 통해 내면의 자정 작용 효과를 볼 수 있다. 더욱이 책은 전 국민에게 공개적으로 발표하는 것이니만큼 마치 고해성사와 비슷한 체험을 할 수 있다. 잘한 점은 잘한 대로, 못한 점은 못한 대로 정직하게 고백한 책은 저자에게 치유를 선사한다. 꾹꾹 눌러서 감추어진 삶은 그 자체로 병이 되어 곪아터지지만, 만방에 낱낱이 공개된 삶은 화창한 삶을 보장한다.

세 번째는 후배 기업인에게 경영 철학과 노하우를 전수해 줄 수 있다는 점이다. 이솝 우화에 장님의 촛불이라는 이야기가 있다. 앞을 못 보는 장님이 촛불을 들고 있기에 어떤 사람이 의아한 표정으로 그 이유를 물었다. 그러자 장님이 대답한다.

"이 촛불은 나를 위한 게 아니라 캄캄한 밤에 앞을 못 보는 사람들이 나와 부딪히지 않도록 주의를 주기 위한 것이요."

이처럼 연륜 있는 기업인들은 젊은 기업인들을 위해 그간 축적한 경영 철학과 노하우를 전수해 주어야 한다. 여러 분야의 젊은 기업인들이 내로라하는 선배 기업인의 생생한 현장 체험과 비즈니스 노하우와 경영 철학을 필요로 하고 있다. 요즘처럼 경제가 어려운 때는 더욱 그렇다. 비즈니스 각 분야에서 허허벌판인 광양만에 포항제철을 건설한 박태준 회장과 같은 분들이 많다. 그런 분이라면 미래의 경영인들에게 보탬을 주고 더 나은 대한민국 산업 발전을 위해 주저 없이 자신의 책을 내 주었으면 하는 바람이다.

경제 성장의 주역뿐만 아니라 현재 열정적으로 활약하는 중진 기업인들이 책을 많이 내야 한다. 여러 분야의 젊은 기업인들이 내로라하는 선배 기업인의 생생한 현장 체험과 비즈니스 노하우와 경영 철학을 필요로 하기 때문이다.

제2장

콘텐츠는 무궁무진하고
누구나 책을 쓸 수 있다

계속해서 세상이 필요로 하는 콘텐츠를 만들어내는 능력이야말로
한 인간의 존엄성을 유지하는 일이며
험한 세상에서 스스로를 보호하는 방법이다.

– 공병호(경제경영 저술가)

콘텐츠가
전문 작가를 이긴다

"글을 잘 쓰지 못하는데 책을 낼 수 있을까요?"

이런 질문을 던지는 분들이 종종 있다. 비소설 분야의 책인 실용서나 비즈니스 분야의 책인 경우 문장보다는 콘텐츠의 힘이 중요하다고할 수 있다. 콘텐츠의 가능성과 시장성이 보인다면 충분히 책으로 만들어볼 만하다. 이 과정에서 전문 작가 수준의 필력은 요구되지 않는다. 정확하고 간결하게 내용을 전달할 수 있는 기본적인 글쓰기 능력을 갖추기만 하면 된다.

요즘 베스트셀러 가운데 콘텐츠 자체로 승부를 건 책이 적지 않다. 김이나는 현재 대중가요 작사가로『김이나의 작사법』이라는 책을 냈다. 그녀는 책을 통해 작사가의 세계에 대한 독자들의 호기심을 충족시켜 주고 작사가 영역에서 새로운 콘텐츠를 창출했다.

"사람들은 흔히 작사가라고 하면 마치 시인처럼 자신만의 감성을 담아 운율에 맞게 잘 읽히는 문장을 쓰면 되는 것이라고 상상한다. 그러나 작사가의 일은, 삶은, 그렇게 녹록지 않다. 하나의 곡이 완성되면, 작곡가나 각 뮤지션의 소속사는 작사가'들(!)'에게 작사를 의뢰한다. 한 명의 작사가가 아니라 다수의 작사가들에게 작업을 의뢰하고, 그중에서 곡에 딱 맞는 최적의 결과물을 내놓은 작사가만이 노랫말의 주인이 된다. 그렇게 작사가들은 지금도 곡마다 치열한 배틀을 거쳐 가며 대중의 공감을 얻는 노랫말 한 구절을 쓰기 위해 분투하고 있다."

물론 그녀는 보통 이상의 글쓰기 역량을 갖추었지만 책이 베스트셀러가 될 수 있었던 건 작사가이기 때문에 가질 수 있었던 콘텐츠의 힘이 컸다. 독자들 역시 그녀의 글쓰기보다는 콘텐츠에 더 구미가 당겼다고 볼 수 있다.

기획자 박신영은 공모전 23관왕이라는 전무후무한 기획 부문 경력을 바탕으로 기획에 대한 콘텐츠를 『기획의 정석』에 담았다. 그녀는 기획은 현상에 파묻히지 말고 전지적 작가 시점에서 현상을 분석하여 공통점을 묶어 패턴을 발견하라고 이야기한다. 그녀는 다음처럼 전문가적인 기획자의 안목을 보여 준다.

"기획은 무시무시한 것이 아니다. 그분의 입장에서 그 일을 왜 해야 하는지 기획 배경(problem)을 정의한 후, 해결책(solution)을 끌리는 한마디(concept)로 제시하고, 그림이 그려지도록 세부적인 실행 방안(action plan)을 제안하며, 그분이 이해할 수 있도록 그것을 기획서(proposal)로 쓰는 것, 그리고 그분이 관심을 가질 수 있게 발표(presentation)하는 것이다."

『어떤 하루』의 신준모도 마찬가지다. 그 역시 콘텐츠의 중요성을 잘 보여 주는 저자이다. 그는 사업가 출신으로 문예창작에 대해 제대로 배워 본 적이 없었지만 감성적인 짧은 글로 '위안 콘텐츠'를 만드는 데 성공했다. 책에 소개된 글을 하나 보자.

자존심 때문이라면 잠시, 그것 또한 내려놓으세요.
빨리 오느냐, 늦게 오느냐의 차이일 뿐
그 자존심은 얼마 안 가서 무참히 짓밟힙니다.
한 살이라도 어릴 때 조금이라도 빨리 내려놓으세요.
환경은 나에게 주어지는 것이기도 하지만
내가 만들어가는 것이기도 합니다.

그가 이러한 글로 페이스북이라는 플랫폼에서 '위안 콘텐츠'의 대명사가 될 수 있었던 데에서는 그의 비즈니스적 안목이 한몫했으리라 본다. 고객이 어떤 콘텐츠를 필요로 하는지를 간파해 글을 하나의 상품으로 출시한 것으로 보인다.

이 세 저자 외에도 창업 컨설턴트, 영업 전문가, 주식 투자가, 경매 전문가, 재무 설계사, 여행가, 엔터테인먼트 기획자, 셰프, 게임 기획자, 피트니스 트레이너, 아나운서, BJ(Broadcast Jacky) 등 대중들이 열광할 만한 콘텐츠를 갖고 계신 분들이 많다. 이런 분들의 경험이 담긴 흥미로운 콘텐츠는 분명 전문 작가의 원고 이상으로 가치가 있을 것이다.

자신의 분야에 대한 오랜 경험과 노하우가 담긴 흥미로운 콘텐츠는 전문 작가가 쓴 원고 이상의 가치가 있다.

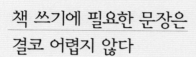

책 쓰기에 필요한 문장은 결코 어렵지 않다

"작가님, 요즘 잘 나가는 책들 문장이 형편없지 않나요?"

나는 전문 작가이다. 시, 소설, 평론과 학술논문을 쓰고 학술 저서까지 냈다. 글쓰기에 나름 일가견 있는 내게 베스트셀러 책들의 문장이 수준 이하로 보이는 경우도 있지 않을까 하는 궁금증을 갖는 이들이 간혹 있다. 그러나 그런 경우는 결코 없다. 세상은 넓고 책 종류가 많듯이 그에 따른 글쓰기가 천차만별이기 때문이다. 독자들에게 사랑받지만 문장력이 다소 떨어진다고 생각되는 책을 문학적인 문장으로 고칠 경우 오히려 독자 감응력이 크게 떨어질 수도 있다.

나는 흔한 클래식 음악이 아닌 전문적인 클래식 음악을 듣고 있노라면 졸음이 솔솔 온다. 안숙선의 판소리 완창을 즐겨 들을 정도로 각별히 국악에도 애정을 갖고 있지만, 대중적이지 않은 국악은 듣기 쉬운 일이 아니다. 이처럼 대중 독자도 순수 문학 작품을 대하기 쉽지 않다. 때문에 대중들이 요구하는 책의 문장은 지나친 문학성에서 탈피해야 한다. 이렇게 해야 책은 대중음악처럼 독자들의 마음을 사로잡을 수 있을 것이다.

과연 실제로 어떤지 독자들의 관심사인 여행, 음식, 재테크 분야의 책을 살펴보자. 아직 책을 내지 않았지만 이 분야에 대한 남다른 경험과 경력을 바탕으로 한 좋은 콘텐츠를 갖고 있는 분이 많을 줄 안다. 그런 분들은 다음에 인용하는 글을 보면, 자신의 콘텐츠를 활자화하는 데 큰 어려움이 없다는 걸 알 수 있을 것이다.

"막상 가겠다는 마음 먹었건만 계획을 짜며 여행경비를 계산해보니 더 많은 비용이 들었다. 하지만 분명 나만의 여행을 만든다면, 다른 방법이 있을 거야. 그리고 처음부터 다시 시작하기로 했다.
이미 간다고 호언장담한 상태인데 여기서부터 포기할 수는 없다. 태어나서 처음 가져 본 막연한 꿈을 이루고자, 처음으로 나는 무언가에 나를 내던져보기로 결심했다."

– 『악당은 아니지만 지구정복』, 안시내

"이처럼 나는 음식에 대해 유달리 특별한 애정이 있었던 것 같다. 시골에 살면서도 아침 식사는 핫케이크나 토스트, 죽 등을 먹을 정도였다. 어려서

부터 갈고닦은 입맛 덕분에 점차 음식에 관해서는 더 이상 말할 필요가 없는 미식가가 되었다."

- 『무조건 성공하는 작은 식당』, 백종원

"우리는 인생을 살면서 '공부를 좀 더 할 걸', '저축을 좀 더 할 걸' 등 지나온 과거를 많이 후회하곤 합니다. 그런데 우리가 후회하는 것들을 살펴보면 현재를 즐긴 것들에 대한 것보다, 중요하지만 미루어 왔던 것들에 대한 후회가 훨씬 큽니다. 공부가 가장 중요한 학생 때가 아니라 공부할 시간이 적은 직장인이 되어서야 뒤늦게 후회합니다. 마찬가지로 저축에 대해서도 경제력이 떨어진 나이가 되어서야 돈을 좀 모아 둘 걸 하고 후회합니다."

- 『월급쟁이 부자들』, 이명로

이렇듯 정확하고 간결한 문장이면 충분하다. 문장력에 대한 지나친 겸손함 때문에 자신의 콘텐츠를 책으로 출판하는 일을 주저하지는 말아야 한다.

자신의 문장력에 너무 위축되지 마라. 대중이 요구하는 책의 문장은 지나친 문학성에서 탈피한, 정확하고 간결하게 쓰인 문장이면 충분하다.

당장 써먹을 수 있는
실용적인 콘텐츠가 뜬다

　언제부터인가 한국 소설이 독자로부터 외면을 받기 시작했다. 그 자리를 일본, 미국, 프랑스 소설이 차지하고 있다. 2015년 상반기의 경우 종합 베스트셀러 20위권에 한국 소설이 단 한 편도 오르지 못했다. 영화 한 편이 천만 명 관객을 돌파하는 것에 못지않게 장편소설 한 편 또한 파급력이 엄청나다. 수십만 부에서 수백만 부를 내다볼 수 있는데도 변변한 실적을 내지 못하고 있다.

　그렇다면 그 빈자리를 무엇이 채우고 있을까? 2015년 상반기를 기준으로 할 때 베스트셀러 1위인 『미움받을 용기』를 비롯해, 『7번 읽기 공부법』, 『하버드 새벽 4시 반』, 『대화의 신』 등 자기계발서가 많이 포진해 있다. 자기계발서가 포함된 경제·경영서를 비롯해, 건강·의학서, 취미·실용서를 통틀어서 실용서라고 하는데, 이 부류의 책이 1990년대 초반부터 죽 베스트셀러를 점령해 오고 있다. 이러한 추세는 앞으로도 지속될 것으로 전망된다.

밀리언셀러 『부자 아빠 가난한 아빠』, 『누가 내 치즈를 옮겼을까?』가 나온 2000년대 초를 기준으로, 출판평론가 한기호는 『베스트셀러 30년』에서 이렇게 진단하고 있다.

"사회나 공동체에 대한 헌신을 다룬 책은 급격하게 쇠퇴하고 나와 가족에 대한 헌신을 다룬 책들이 넘쳐 났다. 독자의 관심사는 오로지 나 자신이었다. 분야와 상관없이 철저하게 나의 필요성에 의해 책이 선택되면서 독자는 리더(reader)에서 사용자(user)로 변신했고, 실용서 시장은 급격하게 확대됐다. 독자들은 책을 읽는다는 행위를 통해 교양을 통한 자아성취 이상으로 현실에서의 구체성 있는 인식을 획득하고자 했다."

따라서 사회 각계에서 활동하는 분 가운데 자신만의 독특한 콘텐츠를 갖고 있는 분은 실용서에 문을 두드려 큰 반향을 일으켜 볼 만하다. 굳이 인문학, 문학, 예술 쪽으로 책을 낼 필요가 없다는 말이기도 하다. 실제로 출판사들도 실용서 분야의 톡톡 튀는 콘텐츠를 눈이 빠지게 기다리고 있다. 기본적인 판매가 보장될 뿐만 아니라 운 좋으면 대박을 터뜨릴 수 있기 때문이다.

그러면 1995년에서 2015년까지 이름만 들어도 알 수 있는 실용서 베스트셀러를 살펴보자. 아래의 책들을 참고해 보고, 차별화된 비즈니스 경력을 통해 우수한 콘텐츠를 갖고 계신 분들은 용기를 내 한 권의 책을 내자.

① 경제·경영서
『부자 아빠 가난한 아빠』, 『총각네 야채가게』, 『이기는 습관』

② 자기계발 에세이
『마시멜로 이야기』, 『시크릿』, 『아프니까 청춘이다』, 『멈추면, 비로소 보이는 것들』, 『7번 읽기 공부법』, 『미움받을 용기』

③ 건강·의학서
『체질을 알면 건강이 보인다』, 『뇌내혁명』, 『누우면 죽고 걸으면 산다』, 『원정혜의 해피해피 요가다이어트』, 『임헌석의 톡톡 건강법』

④ 취미·실용서
『세계를 간다』, 『죽기 전에 꼭 가봐야 할 여행지 33』, 『바람의 딸, 걸어서 지구 세 바퀴』, 『내가 사랑한 유럽』, 『비밀의 정원』

🐂 🐂 🐂 🐂

차별화된 비즈니스 경력을 통해 자신만의 독특한 콘텐츠를 갖고 계신 분이라면 자기 이름의 책을 내는 데 도전해 보자.

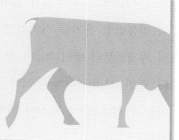

꼭 알아야 할
자기계발 콘텐츠의 거장 5명

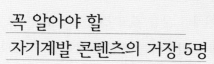

"인간은 모두 인간관계로 고민하고 괴로워하네. 이를테면 부모님과 형과의 관계일 수도 있고, 직장 동료와의 관계일 수도 있지. 그리고 지난번에 자네가 말했지? 더 구체적인 방법이 필요하다고. 내 제안은 이것이네. 먼저 '이것은 누구의 과제인가'를 생각하게. 그리고 과제를 분리하게. 어디까지가 내 과제이고, 어디서부터가 타인의 과제인가. 냉정하게 선을 긋는 걸세. 그리고 누구도 내 과제에 개입시키지 말고, 나도 타인의 과제에 개입하지 않는다. 이것이야말로 구체적이고도 대인관계의 고민을 단숨에 해결할 수 있는, 아들러 심리학만의 획기적인 점이라고 할 수 있지."

아들러의 『미움받을 용기』에 나오는 철학자의 말이다. 아들러는 타인의 시선에 의해 우리가 짊어지는 고통을 벗어 던지기 위해서는 기꺼이 미움받을 용기를 가지라고 한다. 타인으로부터의 인정 욕구와 타인의 과제로부터 벗어나야만 진정한 자유와 행복을 얻을 수 있다는 것이다. 또한, 트라우마가 우리의 현재의 삶을 결코 결정짓지 않는다고 말하는 한편 낙관적 목적에 따라 트라우마는 충분히 극복될 수 있다고 한다.

이러한 내용을 담은 『미움받을 용기』는 심리학 이론에 바탕을 둔 자기계발서라고 할 수 있다. 이 책을 분석해 보면, 인문학 + 자기계발 +소설로 이루어져 있다.

이 책이 결정적으로 독자에게 선풍적인 인기를 얻을 수 있었던 건 감성적 요소가 짙었기 때문이다. 다소 무겁고 딱딱한 내용의 일반 심리학 서적과 달리, 『미움받을 용기』는 현실 속에서 아픔과 고민, 좌절을 겪는 사람들에게 위안을 주는 따뜻한 심리학을 말하고 있다. 실제로, 자기계발적인 요소를 가진 아들러의 심리학은 데일 카네기, 스티븐 코비 등 자기계발 이론의 거장에게 큰 영향을 미쳤다고 한다.

요즘 이 책 외에도 인문학을 바탕으로 한 자기계발서들이 많이 출간되었다. 아울러, 이러한 책들이 독자의 이목을 사로잡고 있다. 수많은 독자를 사로잡기 위해선 자기계발 콘텐츠에 대한 이해가 필수적이라 하겠다.

실용서 분야의 콘텐츠를 갖고 있는 분이 자기계발 콘텐츠와 자신이 말하고자 하는 콘텐츠를 잘 접목시킨다면 좋은 결과를 얻을 수 있을 것이다. 그러면 차례대로 자기계발 이론의 거장을 소개하겠다.

　첫 번째는 데일 카네기이다. 자기계발의 원조인 그가 낸 사례 중심의 책 『인간관계론』은 인간관계 기술의 바이블이다. 그의 이론은 카네기 연구소를 통해 전 세계의 수많은 기업에서 직원 교육 프로그램으로 활용되고 있다.
　『인간관계론』에 소개된 성공적인 인간 관계의 방법은 다음 네 가지이다.

> 1단계　우호적인 사람이 되라. 자기 자신을 이해하고 감정을 조절하는 능력을 키워라.
> 2단계　열렬한 협력을 얻어내라. 타인과 그들의 감정을 이해하고 커뮤니케이션하는 능력을 키워라.
> 3단계　리더가 되라. 갈등을 해소하고, 실수하는 사람을 자산으로 만드는 능력을 배양하라.
> 4단계　감동-커뮤니케이션 능력이 뛰어난 사람이 되라. 비전을 공유하고 열정을 불어넣은 능력을 키워라.

　두 번째는 나폴레온 힐이다. 그는 개인의 성취와 동기 부여에 대한 업적을 남겼다. 그는 카네기로부터 건네받은 성공한 기업인 507명을 조사하여 그들의 성공 원리를 『생각하라! 그러면 부자가 되리라』에 담왔다. 이 책에는 앤드류 카네기, 토머스 에디슨, 마셜 필드, 윌리엄 듀런 드, 월터 크라이슬러 등의 성공 원리가 소개되어 있다. 그가 제시하는 부와 성공을 거머쥘 수 있는 '성공철학 17가지 원칙'은 다음과 같다.

보상을 생각하지 않고 일하는 습관, 명확한 목표, 마스터 마인드, 신념, 유쾌한 성격, 실패에서 배우는 습관, 창조적인 선견지명, 자발적인 자세, 치밀한 사고력, 자제력, 집중력, 협력, 열정, 건강의 습관, 시간과 돈을 계획해서 사용, 황금률 실천, 신비한 습관의 힘

세 번째는 맥스웰 몰츠이다. 그는 성공과 실패는 자아 이미지에 좌우된다고 보았고, 이를 바탕으로 『맥스웰 몰츠 성공의 법칙』을 냈다. 의학, 심리학, 두뇌 생리학, 사이버네틱스 등 학문적 토대에서 쓰인 이 책은 양궁, 프로 골프 등 스포츠 분야에서 심리 훈련 교과서로 채택되었다. 그는 이렇게 주장한다.

"자신을 '실패한 인간'으로 생각하는 사람은 아무리 좋은 의도나 강한 의지를 가지고 있다 하더라도, 그리고 설사 기회가 주어진다 하더라도 실패할 것이다. 또 자신을 부당한 희생자라고 여겨 '항상 고통당한다'고 생각하는 사람은 반드시 그러한 상황에 직면하게 된다."

네 번째는 스티븐 코비이다. 그는 기존의 처세술, 단기 성과 위주의

리더십 책에서 탈피해 근본적인 가치관 차원에서의 자기 혁신을 말하고자 『성공하는 사람들의 7가지 습관』을 냈다. 그는 말한다.

"참된 변화는 내면에서부터 시작되어야 한다. 나뭇잎을 쳐내는 것과 같은 응급처치식 방법으로는 태도와 행동을 바꿀 수 없다. 이것은 뿌리, 즉 사고의 바탕이자 기본인 패러다임을 바꿈으로써만 가능하다. 이 패러다임은 우리의 성품을 결정하고, 우리가 세상을 보는 관점의 렌즈를 창조해 준다."

다섯 번째는 앤서니 라빈스이다. 그는 신경언어 프로그래밍(NLP: Neuro Linguistic Programming) 이론을 바탕으로 한 자기 변화 심리학의 선구자로서 『네 안의 거인을 깨워라』의 저자이다. 그는 인간의 내부에 '거인'이 있으며, 결단을 내리고 이를 깨우면 자아의 변화를 이끌 수 있다고 한다. 그는 말한다.

"결단은 인생을 송두리째 바꿀 수 있는 도구이다. 새로운 결단을 내리는 순간, 자신의 인생을 새로운 행로, 새로운 결과, 새로운 목적지를 향해 움직인다."

이와 같은 전 세계적으로 유명한 자기계발 거장 다섯 명의 콘텐츠를 잘 숙지해야 한다. 이를 잘 소화해, 자신의 콘텐츠를 트렌드에 맞게 잘 요리해야 독자들의 입맛을 사로잡을 수 있는 맛있는 책이 탄생할 것이다. 자기계발서가 더러 욕을 먹고 있는 것도 사실이지만, 여전히 대중들이 그 콘텐츠를 필요로 하기 때문이다.

베스트셀러 작가이자 자기계발 분야의 거장인 데일 카네기, 나폴레온 힐, 맥스웰 몰츠, 스티븐 코비, 앤서니 라빈스의 콘텐츠를 잘 숙지하고 소화해 낸다면 자신의 콘텐츠 개발에 큰 도움이 된다.

인터넷은
지식과 정보의 보고

"저는 영업 맨으로 오랫동안 일해 왔습니다. 보험과 의료 기계를 판매하는 일을 해온 경험을 살려 영업 노하우 책을 내고 싶은데, 워낙 독서량이 부족해서 책을 낼 수 있을지 모르겠습니다. 대학교를 졸업한 후로 도서관에는 한 번도 가보지 않았어요."

보험 왕을 여러 차례 했던 E 대표는 몇몇 잡지에 소개된 적도 있었다. 현재, 모 영업 컨설팅 회사를 운영하고 있었기 때문에 홍보 차원에서 책이 필요했다.

"요즘은 꼭 필요한 경우가 아니면 도서관에 가지 않아도 됩니다. 책상에 앉아 인터넷을 잘 활용하면 세상의 모든 지식과 정보를 얻을 수 있어요. 유료로 볼 수 있는 e-북도 있고, 또 무료로 볼 수 있는 자료들이 쏟아지고 있습니다."

실제로 잘 활용하기만 하면 인터넷에서 책을 쓰는 데 필요한 관련 지식과 정보를 모두 얻을 수 있다. 전문 작가의 경우, 자신의 관심사에 대한 지식이 잘 축적된 사이트를 여러 개 확보해 놓고 책을 집필할 때 틈틈이 참고한다.

경제·경영서 작가는 기본적으로 삼성경제연구소, LG경제연구원 등에서 경제 전문 연구원이 내놓은 논문들을 참고하고, 여기서 더 나아가 세분화된 분야에 따른 전문 지식과 정보를 축적해 놓은 연구소와 기관의 사이트의 자료도 반드시 함께 참고해야 한다.

가령, 프랜차이즈에 대한 책을 쓰고자 할 경우 기본적으로 프랜차이즈협회, 소상공인시장진흥재단 등과 함께 대표적인 프랜차이즈 신문, 경제 신문, 국회도서관, 한국학술정보 사이트, 그리고 프랜차이즈에 대한 전문 지식이 축적된 블로그와 카페를 확보해 그 자료를 섭렵해야 한다. 이와 함께 삼성경제연구소, LG경제연구원 등 사이트의 전문적인 자료를 숙지해야 한다. 물론, 이렇게 축적한 자료로도 충분하지 않을 경우 관련 도서를 구입해야 한다.

E 대표의 경우, 영업과 마케팅 기관과 함께 보험 신문, 경제 신문 사이트와 영업 분야로 전문화된 블로그나 카페, 혹은 삼성경제연구소,

LG경제연구원 사이트의 자료를 참고할 수 있다. 이때 필요한 게 검색의 기술이다. 일일이 산더미 같은 자료를 읽어서 자신이 찾는 정보를 찾을 수 없기 때문에, 자신 찾고 있는 자료에 대한 키워드를 잘 뽑아내 검색할 수 있는 능력이 있어야 한다. 프랜차이즈에 대한 책을 쓴다면, 기본적으로 프랜차이즈, 그리고 그 하위 항목에 대한 것으로 죽 내려와 자신이 원하는 자료의 키워드로 검색하면 자료를 쉽게 얻을 수 있다.

무엇보다 인터넷이 좋은 점은 여러 개의 백과사전을 통합적으로 사용할 수 있다는 점이다. 두산백과사전, 위키백과, 시사상식사전, 경제학사전 등 수많은 사전을 통해 집필하는 데 중요한 개념을 분명히 다질 수 있으며, 또한 사고를 확장시키는 데 도움이 된다. 사전을 통해 중요한 개념을 이해하다 보면 다양한 지식과 정보를 감자줄기를 캐내 듯 줄줄이 얻을 수 있을 것이다.

혹자는 인터넷에서 얻어지는 방대한 양의 콘텐츠를 질적인 면에서 우습게 여길지 모른다. 혹은 인터넷 자료를 통해 책을 쓰면 짜깁기 수준에 머물지 않겠느냐고 의심의 눈초리를 보낼지도 모른다. 에디톨리지의 문화 인류학자 김정운은 세상의 모든 것들이 끊임없이 구성되고, 해체되고, 재구성된다고 하면서, '편집이 곧 창조'라고 주장한다. 인터넷에서 발굴한 자료를 잘 '편집'하는 기술을 익힌다면 얼마든지 창조적인 책이 나올 수 있다.

콘텐츠가 없어서 책 쓰기 두려운 분, 도서관과 서점을 찾아갈 시간이 없어 책을 쓰지 못하는 분, 기존의 것과 다른 창조적인 책을 쓰고 싶은 분들이 인터넷을 잘만 활용한다면 책을 쓰는 데 매우 유익할 것이다. 인터넷의 바다에서 다양한 자료를 섭렵하는 과정에서 새로운 콘텐츠를 발견하게 될 뿐만 아니라, 원석 같은 자신의 콘텐츠가 보석으로 변하는 걸 경험할 수 있을 것이다.

인터넷에서 발굴한 자료를 잘 '편집'하는 기술을 익힌다면 얼마든지 창조적인 책이 나올 수 있다.

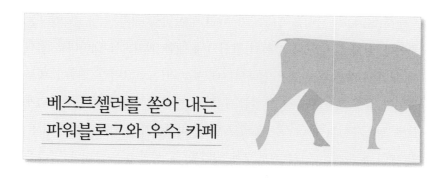

베스트셀러를 쏟아 내는 파워블로그와 우수 카페

『2,000원으로 밥상 차리기』

『반나절이면 집이 확 바뀌는 레테의 5만원 인테리어』

『명품 다이어트 & 셀프 휘트니스』

『시골의사의 아름다운 동행』

『문성실의 요즘 요리』

베스트셀러가 된 이 책들의 공통점이 무엇일까? 이 책들은 모두 인기 블로거들이 쓴 책이다. 특별히 많은 시간과 공을 들이지 않더라도 오랫동안 특정 분야에 대한 노하우를 구축해 놓으면 책으로 출판할 수 있는 좋은 콘텐츠가 된다. 이처럼 블로그에 올린 콘텐츠가 책으로 엮어진 것을 블로그(blog)와 책(book)을 합쳐 블룩(Blook)이라고 한다.

블룩(Blook)의 장점은 전문가가 아닌 일반인도 저자가 될 수 있다는 것이다. 실제로, 누구나 자신의 관심사에 대한 키워드를 네이버로 검색해 보면 수많은 블로그가 검색되는데 블로거는 일반인인 경우가 대부분이다. 블로그는 누구나 개설할 수 있기 때문에 일반인들이 간단하게 블로그에 자신의 콘텐츠를 올리고 있다. 비전문가이긴 하지만 매일 수만 명이 방문하는 인기 블로그가 되었을 때 상황이 달라진다. 그들은 전문가 이상의 대접을 받게 된다.

『문성실의 요즘 요리』의 저자이자 파워 블로거인 문성실도 마찬가지다. 요리학원을 다녀 본 경력이 없는 그녀는 친정어머니를 요리 스승으로 삼아 손쉽게 한식 밥상을 만들 수 있는 콘텐츠를 가지고 있었다. 문성실은 누구나 간편하게 서민적인 재료로 만들 수 있는 한식 레시피를 블로그에 올림으로써, 매일 3만 명이나 되는 네트즌의 방문을 유도하는 데 성공했다. 이렇게 리마커블한 콘텐츠에 출판사는 주목했고, 결국 책으로 출간까지 하게 되었다. 그녀는 이제 요리 전문가 이상으로 대접을 받고 있을 뿐만 아니라 이를 기반으로 여러 권의 요리 책을 집필했다.

블로그뿐만 아니라 카페에 올린 글도 책으로 출간되어 베스트셀러가 된 예가 많다. J 트레이너는 회원이 십만 명이 될 정도로 인기가 많은 카페를 운영하고 있었다. 이를 바탕으로 뱃살 빼기라는 특화된 콘셉트의 책을 출간해 좋은 반응을 얻었다. 그는 이런 말을 했다.

"요즘 피트니스 센터가 난립해서 문 닫는 곳이 많잖아요. 그래서 저는 블로그에 내가 특화한 뱃살 빼기 노하우를 올려놓고 반응을 살펴 보았죠. 놀랍게도 특별한 기구 없이 단기간에 뱃살을 뺄 뿐만 아니라 잘 유지할 수 있다는 점에 많은 대중이 열광하더라구요. 그래서 단숨 에 내 블로그가 파워 블로그가 되었고, 운 좋게 책을 내게 되면서 피 트니스 센터를 열 자신감이 생겼답니다."

가치 투자를 하는 C씨도 마찬가지다. 그는 십여 년간의 실전 투자 경 험 끝에 안전하게 높은 수익을 거둘 수 있는 가치 투자 공식을 정립했 다. 그는 이에 대한 정보를 카페에 소개하고 이를 비즈니스화했다. 입 소문을 타고 투자 좀 한다는 분들이 이곳을 많이 찾았고, 마침내 가치 투자 분야 인기 검색어에 등극했다. 이를 바탕으로 주식 책을 내어 베 스트셀러 반열에 올랐고, 조만간 가치 투자 자문사를 세울 준비를 하 고 있다.

블로그와 카페는 대중의 욕망과 수요를 측정할 수 있는 바로미터라 할 수 있다. 때문에, 누구나 자신이 네티즌들로부터 좋은 반응을 얻고 있는 블로그를 운영하고 있다면, 그 콘텐츠는 출판할 가치가 매우 크 다고 볼 수 있다.

🐂 🐂 🐂 🐂

네티즌들로부터 좋은 반응을 얻고 있는 블로그나 카페를 운영하고 있다면, 그 콘텐 츠를 가공하여 출판을 시도해볼 만하다.

더블 밀리언셀러 콘텐츠의 원천,
SNS

한두 사람의 비평에 상처받아 쉽게 포기하지 마세요.

나에 대해 잘 알지도 못하고 쉽게 한 말에

너무 무게를 두어 아파하지도 말아요.

안티가 생긴다는 것은, 어떻게 보면

내가 지금 하고 있는 일이 잘 진행되고 있다는 반증이기도 합니다.

용기 내어 지금 가고 있는 길, 묵묵히 계속 가면 돼요.

– '휴식의 장' 중에서

 혜민 스님의 『멈추면, 비로소 보이는 것들』에 나오는 글이다. 이 책은
밀리언셀러인 김난도의 『아프니까 청춘이다』보다 두 배 이상 팔린 더블

밀리언셀러이다. 그는 이 책을 내기 전에 자신의 이야기를 담은 『젊은 날의 깨달음』를 냈는데 그때만 해도 저자로서 그의 이름은 무명에 가까웠다. 그런데 이 책이 폭발적으로 뜨면서, 그의 입지도 완전히 달라졌다. 혜민 스님은 2013년 종교 분야 차세대 리더 1위에 등극했다.

이 책은 그가 트위터에 짤막하게 올린 글을 묶은 것이다. 그는 자기 위주로 글을 올린 게 아니라 철저히 대중의 니즈에 맞추어 글을 올렸다. 자기계발, 성공, 부자라는 말에 피로를 느끼고, 또 전망 없는 현실로 인해 아픔을 갖고 있는 대중들에게 힐링을 주는 글들이었다. 글은 전혀 어렵지 않고 딱딱하지 않다. 누구나 쉽게 공감할 수 있도록 자상한 어투로 위로를 전달했다. 바로, 이렇게 쓰인 트위터의 글들이 모여 막강한 콘텐츠가 만들어졌다.

이 외에도 밀리언셀러는 아니지만 그 가능성을 보여주는 예가 많다. 트위터를 기반에 센세이션한 시 콘텐츠를 기재하여 대중들에게 이름을 알린 하상욱이 있다. 그가 낸 책 또한 많은 독자의 사랑을 받았고 언론으로부터 조명을 받기도 했다.

말이나
못하면

밉지나
않을 걸

— '정치인' 중에서

이렇듯 그는 어렵지 않으면서도 누구나 공감할 수 있는 내용의 유머러스한 시를 썼다. 이러한 SNS 시를 달갑게 여기지 않는 분도 많다. 하지만 그는 트위터 공동 창업자의 비즈 스톤의 의중을 정확하게 간파해 그에 맞는 콘텐츠를 만들어 낸 작가라고 볼 수 있다. 비즈 스톤은 이렇게 말했다.

"140자까지만 쓸 수 있는 트위터의 제약이 오히려 대중에게 수수께끼를 푸는 창의성을 불러일으켰고, 이로 인해 트위터 하이쿠(17자로 된 일본식 시조)가 출현했다."

이러한 말에 비추어 보면, 하상욱의 시가 관심을 받는 것은 너무나 당연했다. 그는 트위터의 140자 글쓰기 구조에 잘 부합하는 짧은 시로 승부를 걸었다. 때마침, 우리나라에서 폭발적으로 트위터 사용자가 증가하는 시기와 맞물려 그의 시가 관심을 받게 되었고 그의 짧은 시는 수많은 대중의 공감을 불러일으키고 호응을 얻게 되면서 그의 SNS 콘텐츠는 시집 출간으로까지 이어지게 됐다.

트위터 외에도 페이스북을 기반으로 한 『어떤 하루』의 신준모 작가가 있다. 현재, 우리나라에서는 페이스북이 트위터보다 많은 사용률을 보이고 있으니, 향후 다른 작가가 나타나 더 좋은 콘텐츠를 탄생시킬 것이다. 여기에다 카카오스토리를 기반으로 콘텐츠를 구축한 이힘찬 작가를 빼놓을 수 없다. 17만 명의 팬을 확보한 그의 글과 그림은 『사랑제곱』이라는 책으로 출간되었다. 이 책은 사랑 콘셉트에 맞추어져 있다.

이러한 에세이, 자기계발 류를 비롯해, 마케팅, 영업, 창업, 스피치, 자산 관리, 다이어트, 요리, 여행 등 요즘 가장 핫한 분야의 알찬 콘텐츠들이 SNS 플랫폼에서 대중의 눈길을 끌고 있다. 책을 내는 걸 두려워하는 분이 있다면, SNS에 자신의 콘텐츠를 올려서 대중의 반응을 살펴볼 필요가 있다.

콘텐츠에 대한 대중들의 관심 정도는 곧 출판 가능성에 대한 척도가 된다. SNS에 자신의 콘텐츠를 올려서 대중의 반응을 살펴보자.

콘텐츠의 생명은
수요가 결정한다

(A 대표) 아파트 건축 분야 수천억대 기업의 60대 CEO이며, SNS 거의 안
함. 건축 콘텐츠 보유.

(B 대표) 자영업자 대상의 40대 마케팅 컨설턴트이며, SNS 관리 잘함.
마케팅 콘텐츠 보유.

이 둘 가운데 어느 분의 콘텐츠가 더 경쟁력이 있을까? 물론, 위에서
처럼 단편적인 것으로 판단하기가 쉬운 건 아니지만, 편의적으로 선택
을 해 보자. 요즘의 경기 불황 속에서는 자영업자들의 수요가 많은 B
대표의 콘텐츠가 더 좋다고 볼 수 있다.

기업 규모로 보면 A 대표의 콘텐츠가 더 앞설 것으로 보이지만, 이
콘텐츠에 대한 수요는 극히 제한적이다. 건축 쪽으로 책을 냈을 경우,

건축 관계자들 위주로 판매되기 때문이다.

이러한 예시는 아무리 규모가 큰 기업체 대표의 콘텐츠라 할지라도 대중의 관심과 수요가 없으면 출판 콘텐츠로서의 가치가 없다는 점을 시사한다. 이와 달리 아무리 규모가 작은 기업체 대표라 하더라도 그 콘텐츠에 대한 시장의 수요가 많으면, 출판 콘텐츠로서 가치가 높다고 할 수 있다. 콘텐츠의 생명은 기업체 규모보다는 대중의 수요가 결정하기 때문이다.

만약 A 대표가 꼭 자신의 콘텐츠를 출판하고자 한다면, 아파트 건축 콘텐츠를 버리고 독자의 니즈에 초점을 두고 트렌드에 맞게 콘텐츠를 개발해야 한다. 예를 들면, 다음과 같은 책 제목이 나올 수 있다.

'전원주택 내 손으로 만들기'
'옥탑 방 하루 만에 만들기'
'내 집 리모델링은 내 손으로'

요즘 불경기 속에서 대중은 여가 시간을 가족과 함께 유익하게 보내고 싶어 한다. 때문에, 가족과 함께 땀 흘리며 건축을 하는 보람을 제공하고 경제적으로도 도움이 되는 콘텐츠가 먹힐 수밖에 없다. 이처럼 트렌드를 잘 따라잡는 콘텐츠가 많은 수요를 보장하게 된다.

최근 트렌드를 주도하는 콘텐츠가 어떤 게 있을까? 대표적인 게 요리 콘텐츠다. TV를 켜면 예능, 드라마, 다큐 등과 같이 어렵지 않게 접하게 되는 게 먹방이다. 아프리카 TV에서도 마찬가지다. 이러한 현상은 외국에서는 찾아볼 수 없는 진기한 현상이라고 한다. 따라서 요리 분야의 콘텐츠가 참신한 형식과 결합하면 독자들에게 반향을 일으킬 책이 나올 수 있다. 실제로 요리 관련 책들이 수도 없이 많다. 요리법, 음식 인문학, 셰프의 성공 스토리, 외식업 경영 노하우, 소설로 된 분식집 이야기 등.

이와 함께 창업과 함께 외식업 마케팅이 뜨고 있다. 문을 닫는 외식업 자영자들이 많은 현실이지만, 그래도 별다른 대안이 없으니 많은 분들이 손쉬운 음식점에 도전하고 있다. 실제로 D포털 사이트를 검색해 보면 외식업 창업 관련 기관이 엄청나게 많다. 여기다가 치열한 경쟁에서 살아남기 위한 수단으로 남다른 외식업 마케팅이 요구되고 있다.

이 외에도 대중의 수요가 많은 콘텐츠들이 있다. 대표적으로 다이어트와 피트니스, 건강 그리고 여행, 재테크 등이 있다. 책을 내고자 하는 분은 이러한 트렌드에 부합하는 콘텐츠를 잘 알아차려야 한다. 만약, 자신의 콘텐츠가 트렌드와 맞지 않으면 과감하게 변형하거나 때로는 남의 콘텐츠를 적절히 수용할 필요도 있을 것이다.

콘텐츠에 대한 시장의 수요가 많으면 출판 콘텐츠로서도 가치가 높다. 독자의 니즈에 초점을 두고 트렌드에 맞게 콘텐츠를 개발해야 한다.

제3장

참신한 기획에서 좋은 책이 나온다

대부분의 일들이 기획력에 따라 승부가 달라진다.

– 나카지마 다카시(경영 컨설턴트, 작가)

번득이는 기획은
신문에서 나온다

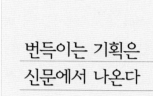

투자의 귀재 워렌 버핏과 점심 한번 하는 데 65만 달러?

세계 최대의 온라인 경매업체 이베이 주관으로 6년째 열리고 있는 버핏과
의 오찬 경매가 진행되고 있다고 AP통신이 22일(현지시간) 보도했다. AP
통신에 따르면 온라인 경매는 이날 저녁 2만 5,000달러부터 시작되었다.
지난해에는 65만 100달러에 낙찰된 바 있다. 지난해 두 명의 투자자가 버
크셔 해서웨이의 회장이자 최고경영자(CEO) 버핏과 점심식사를 함께하
는 행운을 안았다.

- 파이낸셜뉴스(2008.6.23)

나는 예전부터 워렌 버핏이 세계적인 가치투자자일 뿐만 아니라 노

블레스 오블리주의 실천자임을 알고 있었다. 하지만 그의 가치 투자에 대한 기사에는 별 관심을 갖지 않았었다. 그런데 어느 날 위의 기사가 내 눈을 사로잡았다. 찾아보니 이런 기사가 여러 신문사에서 여러 해에 걸쳐 해마다 6월경에 나온다는 걸 알 수 있었다.

무릎을 탁 쳤다.

'그래, 이거다! 워렌 버핏과 점심 식사라는 콘셉트로 소설형 자기계발서를 쓰는 거야. '워렌 버핏과의 점심 식사 경매'는 여러 신문과 방송을 통해 광고가 되었으니까 이걸 소재로 책을 쓴다면 대중들이 한눈에 알아볼 거야.'

이런 계기로 해서 『워렌 버핏과 함께한 점심식사』가 세상에 나오게 되었다. 그때만 하더라도 광화문 교보문고에는 자기계발 소설 판매대가 따로 있었고, 이런 소설이 불타나게 팔리고 있었다. 예상대로 별다른 홍보를 하지 않아도, 제목만으로 독자들의 이목을 사로잡았다. 게다가 당시 워렌 버핏에 대한 책이 거의 다 주식 투자에 대한 내용을 다루고 있었기에 차별화에도 성공했다. 결과적으로 국내의 많은 독자들에게 사랑을 받았을 뿐만 아니라 중국에 저작권을 수출하기도 했다.

『부와 성공을 이루어주는 억만장자 이야기』(공저)도 마찬가지다. 이 책을 기획하던 2008년경에 여러 신문에서는 포브스 선정 세계 100대 억만장자 리스트를 기사화했다. 여기에 우리나라 기업인으로 이건희, 한창우, 차용규가 들어 있었다. 그때만 해도 독서 시장에서 '부와 성공'이라는 키워드가 먹히고 있었기에 나는 이 리스트를 참고해 세계의

1,000대 억만장자 중 가장 영향력 있고, 많이 알려진 40여 명과 억만장자 대열에는 들지 못했지만 그에 버금가는 유명인물 10여 명을 뽑았다. 그러고 나서 이 50명의 실제 이야기를 들려주면서 그들의 '성공 마인드'를 『부와 성공을 이루어주는 억만장자 이야기』에 소개했다.

『감사합니다 서로 사랑하십시오: 김수환 추기경의 62가지 인생이야기』도 신문을 보고 기획했고, 다음 해 기일을 염두에 두고 발간해 좋은 성과를 냈다. 이 책은 다음 해 문화체육관광부 우수 교양도서에 선정되는 영예를 얻었다. 참고로 이 책을 펴낸 출판사는 그분에 대한 존경의 뜻으로 수익의 일부를 기부했다.

신문은 무엇을 쓸 것인가에 대한 아이디어를 준다. 신문은 공짜로 좋은 기획거리를 낚을 수 있는 어장이나 마찬가지다. 따라서 책을 쓰고자 하는 분은 분명한 목적의식을 갖고 평소 자신이 관심을 갖고 있는 내용의 기사를 싣는 신문 여러 종을 꾸준히 봐야 한다. 이게 습관이 되면, 매일 아침 15분에서 30분간 10여 종의 신문을 빠르게 죽 훑어볼 수 있다. 그 짧은 시간 동안 정말 보석 같은 기획거리를 포착할 수 있을 것이다.

『멈추면, 비로소 보이는 것들』, 『아프니까 청춘이다』, 『이기는 습관』 등 밀리언셀러를 연이어 터뜨린 전 쌤앤파커스의 박시형 대표도 신문 읽기를 강조한다.

"서점에서의 시장조사보다는 신문이나 잡지를 통해 출판 이외의 상황을 다각도로 점검하도록 직원들에게 강조한다. 나도 출판계 동향에는 별로 관심이 없고 광고라든가 다른 분야의 기사를 더 주의 깊게 본다."

신문은 무엇을 쓸 것인가에 대한 보석 같은 아이디어를 제공해 준다. 책을 쓰고자 하는 분은 분명한 목적의식을 갖고 여러 가지 신문을 꾸준히 봐야 한다.

인터넷 서점을
백 프로 활용하라

세계 최초의 스마트폰은?

이 질문을 하면 상당수가 애플의 스마트폰을 떠올릴 것이다. 사실은
그렇지 않다. 세계 최초의 스마트폰은 1992년 IBM사에 의해 개발된
사이먼이다. 이후 전 세계 피처 폰 시장을 장악한 글로벌 기업 노키아
또한 터치스크린 기능의 스마트폰을 개발했다. 그런데 이들은 스마트
폰이 새 시대를 열어갈 것을 전혀 예상하지 못했다.

아무도 주목하지 않는 스마트폰을 애플의 스티브 잡스가 창조적으
로 승화시켰다. 그것이 지금의 애플의 스마트폰이다. 컴퓨터를 만들던
애플이 이걸 들고 나오면서 단숨에 전 세계 휴대전화 시장의 지각을
바꿔 버렸다. 재미있는 사실은 창조의 아이콘 스티브 잡스가 전혀 새

로운 것을 발명한 게 아니라 기존의 것을 차용해 새롭게 만들었을 뿐이라는 것이다. 스티브 잡스는 피카소의 유명한 격언을 인용해 이렇게 말했다.

"위대한 아이디어를 훔쳤다는 사실에 한 점 부끄러움이 없다. 뛰어난 예술가는 모방하고, 위대한 예술가는 훔친다."

이처럼 번뜩이는 기획도 알고 보면 기존의 책에서 차용한 게 의외로 많다. 요즘은 인터넷 서점에서 책의 차례와 주요 내용, 그리고 책의 앞부분 샘플과 책 리뷰를 볼 수 있다. 평소 자신이 관심을 갖고 있는 분야의 책들을 탐독하고 또 인터넷 서점에서 관련 책을 살펴보고 있노라면, 어떤 책은 제목과 차례만 봐도 내용이 훤하게 보이는 경우가 더러 있다.

예를 들어, 코치로 활동하는 분이 아들러의 심리학으로 접근한 감성 코칭 책을 쓰고자 한다고 하자. 그분은 『미움받을 용기』와 함께 심리학 책 서너 권을 읽었다. 때문에 그분이 인터넷 서점에서 『아들러 심리학을 읽는 밤』, 『항상 나를 가로막는 나에게』, 『위대한 심리학자 아들러의 열등감, 어떻게 할 것인가』, 『아들러의 심리학』 등을 보게 되면, 대강 차례만 봐도 내용이 무엇인지 감이 온다.

'이건 별 내용이 없네. 내가 전에 본 책과 제목만 다를 뿐 내용이 유사하잖아.'와 같은 경우가 있을 수 있다.

또, '이건 아들러 심리학에 대한 전문 서적이군. 이건 반드시 사 두고 봐야 해. 그래야 책을 쓸 때 대중들이 알고 있는 것 이상의 아들러의 심리학에 대해 언급할 수 있겠지.'와 같은 경우도 있을 것이다.

이 뿐만 아니라 인터넷 서점을 통해 간편하게 다양한 책의 차례와 소제목을 찾아보고 여기에서 아이디어를 얻을 수 있다. 처음 책을 쓰는 분의 대표적인 고민이 '어떤 콘셉트로 책을 쓸까?', '차례를 어떻게 짤까?' 이러한 것들이다. 바로 이 고민을 인터넷 서점의 책들이 해결해 준다. 자신의 분야에서 활동하는 분이 낸 책과 자신이 다루고 싶은 내용의 책을 샅샅이 뒤져서 살펴봐야 한다. 그 과정에서 다른 책과 차별화된 나만의 콘셉트를 만들고, 또한 잘된 책 여러 종에서 차례를 차용해 자신의 것으로 새롭게 변형해야 한다.

이를 위해서는 인터넷 서점을 즐겨찾기 해 놓고 틈틈이 들어가 자신의 관심 분야의 책의 동향을 살펴보는 자세가 필요하다. 예를 들어, 경제 경영, 자기계발, 여행, 건강 취미, 인문 등의 국내 도서 분류 가운데 몇 곳을 집중적으로 들락거리면서 베스트셀러는 기본이고 신간 서적들을 살펴봐야 한다. 계속해서 보고 고민하다 보면 콘셉트 정하기, 차례와 소제목 쓰기에 자신감이 생길 것이다.

인터넷 서점을 통해 다양한 책의 차례와 소제목을 찾아보고 여기에서 아이디어를 얻어 나만의 콘셉트와 차례 등을 만들 수 있다.

서점에서
관심 분야 책을 살펴보라

인터넷 서점에서도 얼마든지 책의 동향을 살펴볼 수 있다. 하지만 독자에서 책을 내는 저자로 발돋움하기 위해서는 가능하면 자주 서점을 찾아가야 한다. 동네 서점과 함께 대형 서점 두 곳을 정해서 자기가 쓰고자 하는 책 코너에서 틈날 때마다 시간을 보내야 한다. 따끈따끈한 신간과 눈에 보이는 수많은 책 표지들, 그리고 종이 냄새 등 서점을 이루는 모든 요소는 책을 쓰는 데 좋은 자극제가 된다. 또한 인터넷 서점에서 차례와 샘플만 볼 수 있는 것과 달리 오프라인 서점에서는 책의 모든 정보를 얻을 수 있다.

미국 국립 도서 재단 이사이자 『전략적 책읽기』의 저자 스티브 래빈은 독서 효율을 두 배 높이기 위해 서점을 자주 이용하라고 한다. 그는 서점에서 일단 무작정 둘러보고, 눈에 잘 띄는 책부터 보라고 하면서, 이렇게 말한다.

"사실 오랜만에 서점에 가면 어떤 책이 마음에 들고, 어떤 책이 인기를 끌고 있는지 눈에 잘 들어오지 않는다. 그러므로 자주 서점에 가야 한다. 그러다 보면 잘 보이지 않던 신간들이 눈에 보이고 발길이 잘 안 닿는 코너에도 가 보게 된다. 나중에는 서점 구석구석을 장을 보듯 여유롭게 돌아볼 수 있게 된다. 최소한 주말에는 가까운 서점에 들러 '눈인사'라도 하고 오자. 책을 고르는 데도 안목이 필요하다."

'생각이 에너지다', '넥타이와 청바지는 평등하다', '나이는 숫자에 불과하다'의 카피로 유명한 광고쟁이 박웅현 또한 서점을 자주 이용한다. 독서를 중시하는 그는 주말마다 딸과 함께 서점에 들러 책을 사 보았다고 한다. 또 기업 디자이너로 유명한 폴 랜드 역시 시간이 날 때마다 서점에 들러 관련 잡지를 빠짐없이 탐독했다고 한다. 그는 서점을 통해 많은 영감을 받았고, 서점에서 얻은 아이디어를 디자인 작업을 통해 실현시켰다. 결국 그가 기업 디자이너로서 자리매김하기까지 분명 서점의 도움이 컸을 것이다.

나 또한 마찬가지다. 일부러 왕복 8킬로미터의 중간 거리에 위치한 서점을 자주 이용한다. 오후 걷기 코스를 활용해 자연스레 서점에 들러 책을 보고 있다. 이렇게 해서 구상하고 있는 책의 참고 도서들을 죽 훑어본다. 집필 기간과 내용의 완성도 측면을 고려했을 때, 책을 쓰는 동안 서점을 자주 들르는 것은 집필 기간을 단축시키고 원고의 완성도를 높이는 데 매우 큰 도움이 된다. 또 서점에서 많은 책을 접하다 보면 중복되는 내용의 책, 제목과 차례만 그럴싸하지 속빈 강정인 책, 짜 깁기한 책들을 걸러 낼 수 있다. 무엇보다 서점에서 직접 책을 접해서 좋은 점은 창작 욕구가 불끈 솟아오르게 된다는 것이다. '조만간 나도 알찬 내용을 담은 책을 내야겠어.' 하고 말이다.

참고로 말하면 꼭 서점이 아니더라도 도서관을 이용하는 것도 좋다. 문제는 서점에도 잘 가지 않는 분이 도서관을 자주 이용하기가 쉽겠느냐는 것이다. 때문에 책이 많은 공간에 익숙지 않거나 거부감이 있는 분들이라면 도서관보다는 비교적 덜 지루한 서점을 자주 방문하는 것이 좋다. 책을 쓰겠다는 의지를 갖고 찬찬히 서점을 둘러보다 보면 서점에서 자신이 쓰고자 하는 책의 동향을 파악하고 관련 지식을 쌓는 것은 물론 날카로운 기획 아이디어를 얻을 수 있을 것이다.

책을 내기로 마음 먹었다면 당장 서점으로 향하라. 자신이 쓰고자 하는 책의 동향을 파악하고 관련 지식을 쌓는 것은 물론 날카로운 기획 아이디어를 얻을 수 있을 것이다.

콘셉트가
베스트셀러를 결정한다

"정작 마케팅은 얼마를 투자할 것인가일 뿐 가장 중요한 것은 '콘셉력'이다."

다산북스 김선식 대표의 말이다. 흔히 베스트셀러의 3요소를 '기획, 편집, 마케팅'으로 보는데, 이 중 김 대표가 가장 중시하는 게 기획의 콘셉트이다. 그에 따르면, 기획 단계에서 책을 어떤 가치와 개념으로 만들 것인가를 정하는 '콘셉력'이 베스트셀러를 결정한다는 것이다. 실제로 다산북스는 날카로운 콘셉트의 책으로 수많은 베스트셀러를 양산한 것으로 유명하다.

대표적으로 두 가지 사례를 살펴보자. 베스트셀러 『조선왕 독살 사건』은 고루한 역사서에서 벗어나, 역사적 배경 위에 '독살 사건'이라는 스토리텔링을 입혔다. 여기에다 젊은 층을 사로잡기 위해 사진과 도료를 넣어 읽는 재미를 주었다. 초등학생용 'WHO 시리즈'는 기존의 위인전에서 탈피했다. 기존 위인전은 인물 업적을 중심으로 이야기가 전개되고 책에서 텍스트의 비중이 커 초등학생들이 읽기에 다소 힘든 점이 있었다. 'WHO 시리즈'는 초등학생의 눈높이를 맞추어 인물의 유년기 시절에 초점을 두고 이야기를 전개시키는 한편 기존에 출간된 위인전들에 비교해 그림의 비중을 확실히 크게 했다. 이런 차별화된 콘셉트가 시장에 먹혀 'WHO 시리즈'는 많은 사랑을 받게 되었고 외국에도 수출할 수 있게 되었다.

콘셉트의 중요성은 책을 쓰고자 하는 분에게 아무리 강조해도 지나치지 않는다. 특히, 자기만족을 위해 책을 내고 끝내는 게 아니라 많은 대중에게 자신의 브랜드를 어필하고자 하는 분은 자신의 원고에 참신한 콘셉트를 불어넣어야 한다는 점을 명심해야 한다. 아무리 콘텐츠가 좋고, 또 저자의 인지도가 높더라도 콘셉트가 좋지 않으면 책의 반응이 기대에 미치지 않을 가능성이 높기 때문이다.

그러면 『기획의 99%는 컨셉이다』의 '훌륭한 콘셉트의 7가지 요소'를 소개하니 잘 참고하기 바란다. 예로 든 것을 책으로 환치하면 이해하기 쉬울 것이다.

① 독특한가?
비싼 커피 전문점 하면 '스타벅스', 패션 디자이너 하면 '앙드레 김', 습기 제

거제하면 '물먹는 하마'가 떠오르는 것처럼 유니크한 특성을 가져야 한다. 유니크는 단지 튀는 게 아니라 본질적이고 독창적인 것이어야 한다.

② 차별화했는가?

맛있는 김밥을 만드는 김밥집, 친절을 생명으로 하는 김밥집, 초고속으로 배달하는 김밥집은 엄밀히 말하면 차별화가 아니다. 차별화는 본질과 패러다임의 차별화를 말한다. 김밥집의 경우 유기농 재료 김밥집이어야 진정한 차별화라고 할 수 있다.

③ 연관성이 있는가?

콘셉트와 기업, 브랜드, 제품, 광고는 공통분모를 가져야 한다. 아무리 좋은 콘셉트라도 연관성에서 벗어나면 실패 확률이 높다.

④ 고객 지향적인가?

고객은 바보가 아니며, 한 분 한 분 존중받고 싶어 한다. 콘셉트는 바로 이 고객이 원하는 것을 충족시켜 주어야 한다. 특히, 고객 지향은 프로도 소홀히 하기 쉬운 점이므로 각별히 유념해야 한다.

⑤ 조건에 맞는가?

아무리 좋은 콘셉트도 비용, 기술, 능력이 따라 주지 않으면 소용이 없다. 현실에 맞는 콘셉트를 잡아야 한다.

⑥ 즉시 반응이 오는가?

한국 지형에 강한 애니콜, 카페인이 없는 타이레놀, 눈높이 교육(대교), 산소 같은 여자(마몽드 화장품). 이들의 공통점은 짧고 간결하면서도 강력하게 콘셉트를 전달한 것이다. 이처럼, 콘셉트를 접한 고객이 그 브랜드 제품을 주저없이 선택하게 만들어야 한다.

⑦ 시나리오가 있는가?

콘셉트를 검증하기 위해 앞으로 일어날 모든 상황을 예견하고 콘셉트 시나리오를 적는다. 이를 통해 시행착오를 최소화할 수 있으며 리스크를 피할 수 있다.

요즘 여성 아이돌 가수가 무수하게 쏟아지고 있다. 생김새도, 노래도 비슷할 뿐만 아니라 춤마저 유사해서 잘 구별이 되지 않는다. 이때 필요한 게 콘셉트다. 다른 가수와 차별화된 콘셉트는 아이돌 가수의 운명을 좌지우지한다. 책도 마찬가지로 그 책만의 독특함을 살리는 콘셉트가 중요하다.

책을 어떤 가치와 개념으로 만들 것인가를 정하는 '콘셉력'이 베스트셀러를 결정한다.

베스트셀러 출판 기획
노하우 10가지

일본 출판계에 '출판의 신'이자, '베스트셀러의 귀재'라 불리는 인물이 있다. 간키 하루오다. 그는 1950년부터 20여 년간 해마다 베스트셀러 10위권의 대 히트작을 내놓은 인물이다. 그가 이끄는 출판사가 그 유명한 고분샤다. 그는 동시대인으로서의 독자와 공감하고 공명을 지향해 왔다고 한다. 그는 『출판 천재 간키 하루오』에서 이렇게 출판 기획 철학을 밝힌다.

"나는 출판기획자로서, 사실을 그저 사실로 제공하는 것에 만족하지 않았다. 언제나 수용자인 독자가 내가 제공하는 사실을, 아니 그 이야기를 읽고 '감명 받기'를 희망했다. 즉, 나는 언제나 독자에게 '매력'을 팔고 있다는 의식을 가져 왔다. 나는 인쇄된 종이를 팔고 있는 것이 아니다. 독자에게 '매력'없는 것을 파느니 백지 노트를 파는 것이 훨씬 낫다고 생각한다. 백지 노트라면 그 안에 무언가 새롭게 쓸 수라도 있지 않은가."

그러면 그의 베스트셀러 출판 기획 노하우 10가지를 구체적으로 살펴보자. 그는 자신의 책에서 다음과 같이 밝히고 있다. 출판사의 기획자 관점에 해당하는 것이지만, 책을 쓰는 분이 자신의 콘텐츠에 대한 출판 기획서를 작성할 때 매우 유용하리라 본다.

① 독자의 주요 타깃을 20세 전후에 둔다. 거의 모든 책의 베스트셀러를 좌지우지하는 건 바로 20대다. 또한, 이들이 책의 트렌드를 선도한다고 볼 수 있다.

② 독자의 심리와 감정을 어떻게 자극할 것인가? 광고를 하면 책이 팔리지만, 아무리 광고를 해도 히트를 내지 못하는 경우가 있다. 젊은 세대의 감성을 파고드는 강력한 테마가 있어야 한다.

③ 주제가 트렌드에 맞아야 한다. 문화계 전반에 걸쳐 모든 상품의 유행 주기가 짧아지고 있다. 지금 핫한 트렌드의 주제를 담은 책을 출판했을 때는 트렌드가 바뀌어 버릴 수 있다. 때문에 지금의 트렌드보다 앞으로 떠오르는 트렌드를 잘 포착해 그에 맞는 주제의 책을 준비해야 한다.

④ 주제가 분명해야 한다. 다른 책과 분명하게 차별화가 되지 않으면 광고를 하기도 힘들다.

⑤ 모든 면에서 신선해야 한다. 책의 주제와 서술 그리고 문체뿐만 아니라 표지, 편집 등 모든 면에 전에 보지 못한 것이자 처음 본 것이라는 생각이 들게 해야 한다.

⑥ 문장이 20대 독자의 언어여야 한다. 이를 무시한 채 저자 자신의 현학적이고 전문적인 문체를 고집하면 독자가 책에 다가 서기 어렵다. 20대가 술술 읽힐 수 있게 서술이 되어야 한다.

⑦ 예술보다 도덕을 우위에 두어야 한다. 소설을 읽는 독자는 문장을 감상하지 않고 등장인물을 통해 자신의 삶을 반추한다. 이렇게 살면 안 되겠구나, 이런 가치관과 자세를 가져야 하겠어 하고 책에서 삶의 지침을 얻는다. 때문에 미문이나 예술지상주의적인 내용은 지양해야 한다.

⑧ 독자는 정의를 바란다. 세월호 사건이 생기면서 국민들 사이에 국가와 정치에 대한 회의가 팽배하다. 이러한 상황에서는 정의를 담은 책이 요구된다.

⑨ 저자가 독자보다 한 단계 높은 위치에 있어서는 안 된다. 전문 독자

를 대상으로 하는 전문서와 대중을 상대로 하는 대중서를 분명히 구별해야 한다. 대중서는 철저히 대중의 눈높이에 맞추어 함께 공감대를 형성해야 한다.

⑩ 편집 과정에서 원고가 수차례 쉽게 수정되어야 한다. 수많은 베스트셀러들은 하나 같이 프로 편집자에 의해 쉽게 읽힐 수 있도록 가공되었다.

책의 저자는 원고 쓰기에 앞서 머릿속으로 늘 기획 구상을 해야 한다. 아이디어광들이 늘 메모하는 게 습관인 것처럼, 어떤 콘텐츠를 어떻게 기획할 것인가를 매일 고민해야 한다.

베스트셀러의 출판에도 기획 노하우가 있다. 어떤 콘텐츠를 어떻게 기획하면 동시대의 독자와 공감하고 공명할 수 있을지 끊임없이 고민해야 한다.

좋은 제목은
책을 춤추게 한다

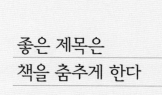

『You Excellent』라는 제목으로 나온 책이 있었다. 제목이 영어로만 되어 있어 독자들에게 어렵게 느껴졌는지 큰 감흥을 불러일으키지 못했다. 책을 읽은 독자들은 자기계발서가 소설 형식을 차용했다는 점에서 참신하다는 반응을 보였지만 정작 책 판매율은 저조했다. 통상 이 책은 이것으로 생명이 끝났다고 보는 게 출판계 관례였다.

그런데 이 책의 제목을 바꿔 다시 서점에 내놓자 폭발적인 반응을 얻어내며 단숨에 밀리언셀러가 되었다. 이 책이 바로 『칭찬은 고래도 춤추게 한다』이다. 이는 책 제목에 따라 책의 운명이 극과 극을 달린다는 걸 보여 주는 사례이다.

책 제목이 그 책의 콘셉트라는 말이 있다. 그 정도로 책 제목은 중요하다. 제목을 잘 기획해서 지어야 수많은 경쟁 도서와의 싸움에서 승리할 수 있다. 요즘 베스트셀러 상위를 차지하고 있는 『미움받을 용기』, 『지적 대화를 위한 넓고 얕은 지식』, 『딸에게 주는 레시피』 등은 잘 지은 제목 덕을 톡톡히 보고 있다.

『미움받을 용기』의 경우, '용기'는 근래 트렌드로 자리 잡을 정도로 여러 책에서 자주 사용되어 온 키워드이다. 자기계발서가 주로 자기 변화를 목적한다는 점에서 '용기'가 부각되고 있었다. 게다가 이 책은 뻔한 제목에서 탈피해 '용기'라는 단어와 수식어 간의 모순을 주어 제목만으로 독자들의 호기심을 자극하였다.

'미움받을 용기'란 제목에는 인간관계에서 비롯되는 고민의 대부분은 타인에게 해를 끼치는 데서 오기보다는 오히려 타인의 시선과 과제에서 생긴다는 메시지가 잘 녹아 있다. 이렇게 이 책의 제목은 독자들의 호기심을 끄는 데 성공했고 전하는 메시지와도 잘 맞아떨어졌다.

이 책처럼 유행하는 키워드를 활용해 대성공을 거둔 예가 바로 『멈추면, 비로소 보이는 것들』이다. 한때 '~~ 것들'이라는 제목이 유행했다. 대중은 유행에 호감과 관심을 갖는다. 이 책은 유행에 전하고자 하는 메시지 키워드를 결합시켜 제목을 만들었다. 이렇게 해서 휴식, 내면, 힐링의 콘텐츠가 감수성 넘치는 제목으로 생명력을 얻게 되었다.

참고로, 이 책의 제목 '1등의 책쓰기 습관'은 찰스 드히그의 『1등의 습관』에서 따왔다.

『지적 대화를 위한 넓고 얕은 지식』도 마찬가지다. 제목에 전문 지식이 아닌, 일반인을 위한 평이한 인문학이라는 콘셉트가 잘 녹아들어 갔다. 시중에 전문적이고 묵직한 인문학 책들은 넘쳐 나지만 대부분 먼지가 수북이 쌓인 채 외면받는 게 현실이다. 이런 상황에서 이 책은 과감하게 '넓고 얕은 지식'을 표방해, 인문학서와 자기계발서의 틈새를 파고들어 30~40대 남성 독자에게 크게 어필했다.

저자 채사장은 제목의 힘을 이렇게 말한다.

"사람들이 제목을 좋아하는 것 같아요. 그동안 인문학 책들이 너무 독자들을 겁먹게 했다고 생각해요. 독자들에게 가르치려고만 했지 독자들이 그것을 가지고 놀게 해주지 못했어요."

『딸에게 주는 레시피』는 어떨까? 이 책은 기획 출판물일 가능성이 높다. 프로 출판 기획자가 최근 가장 핫한 먹방, 쿡방, 요리 트렌드를 활용해 유명 저자를 내세워 기획했을 것이다. 제목에 '레시피'를 달아서 책의 콘셉트가 요리를 매개로 한 인생 조언이라는 점을 잘 부각시켰다. 이와 같이 요리 트렌드를 활용한 제목의 책이 앞으로도 많이 나올 거라 예상한다.

좋은 책 제목은 한순간에 만들어지지 않는다. 편집이 끝나고서도 제목이 변경되기도 한다. 때문에 책의 저자는 다양한 곳에서 아이디어를 얻는 한편, 관련 도서의 책 제목을 꿰고 있으면서 계속 제목을 고민해야 한다. 이런 과정에서 파도를 박차고 나오는 고래 같은 제목이 탄생하게 되는 것이다.

좋은 책 제목은, ① 그 책의 콘셉트를 잘 보여 줘야 하며, ② 독자들의 호기심을 불러일으켜야 하며, ③ 전하고자 하는 메시지와 잘 맞아떨어져야 한다.

책 제목을 잘 지어야 수많은 경쟁 도서와의 싸움에서 승리할 수 있다.

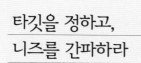
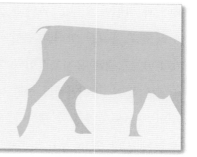

타깃을 정하고,
니즈를 간파하라

만약, 길거리에서 한 여성이 치한에게 성추행을 당하고 있다고 하자. 다행히 주변에서 많은 행인들이 그 광경을 지켜보고 있었다. 이때, 그 여성은 도움을 요청하기 위해 어떻게 하는 게 좋을까? 불특정 다수의 행인을 향해, "여러분, 도와주세요." 하고 소리치면 될까? 결론적으로 이건 좋지 않은 방법이다. 위기에 처한 그녀가 도움을 받기 위한 가장 확실한 방법은 특정인을 지명하는 거다.

"파란색 옷 입은 아저씨, 도와주세요."

이처럼 핀셋으로 콕 집어내듯이 특정인을 지목하는 게 설득을 이끌어 내는 가장 좋은 방법이다.

책의 기획도 마찬가지다. 책을 구매할 타깃이 구체적이지 않고 두리뭉실하면, 독자들에게 외면을 받는다. 타깃은 명확해야 한다. 독자는 자신과 관련이 있다고 판단되는 책에만 손을 내밀기 때문이다. 그 아무리 광고 홍보를 하더라도 정작 독자들이 책에 대한 절실함을 느끼지 못하면, 그 책은 휴지조각이나 다름없다.

예를 들면, 밀리언셀러 『아프니까 청춘이다』는 청춘 곧 88만 원 세대의 타깃을 정조준한 책이다. 이 책은 청춘 외에는 한눈을 팔지 않고 오로지 전망 없는 20대를 향해, '청춘이여, 도와주세요.' 하고 소리친 거다. 이에, 다른 연령층은 그 소리를 한 귀로 듣고 흘려보냈지만 가슴 뜨거운 청춘은 즉각 반응했다.

『서른살이 심리학에게 묻다』,『마흔에 읽는 손자병법』,『마흔에 읽는 논어』 등 근래 화제작 또한 제목에 타깃을 정해 놓았다. 앞서 말한 책들은 본 해당 타깃 독자들의 관심과 호응을 이끌어 내는 데 성공했다. 이처럼 굳이 제목에 타깃을 명시하지 않더라도 책을 집필할 때 특정 타깃에 맞추어 원고를 써 내려 가야 독자로부터 좋은 반응을 얻을 수 있다.

이와 함께 중요한 게 타깃의 니즈 파악이다. 타깃을 정했지만 니즈 분석이 안 따라 주는 건 마치 좋아하는 여성이 있지만 그녀의 취향을 외면하는 것과 같다. 이 경우 연애 성공률이 극히 저조할 게 불 보듯 뻔하다.

2003년에 90만 부라는 큰 성공을 거둔 『아침형 인간』은 철저히 독자의 욕구를 분석한 결과물이다. 이 책을 기획 출판한 김기옥 대표는 이렇게 말한다.

"책이 나온 타이밍과 독자의 욕구가 맞아떨어졌습니다. 소비 향락 문화가 확산되면서 '이렇게 살아선 안 되겠다'는 각성이 있었던 것 같습니다. 뭔가 바꿔야겠는데 무엇을 바꿀 것이냐 하는 고민이 직장인을 사로잡고 있었다고 봅니다. 이 고민이 팽배해 있을 때 '아침을 바꿔라'라며 대안을 낸 것이 먹히지 않았을까 싶습니다."

2003년에 출간된 요리책 『2,000원으로 밥상 차리기』는 경기가 어려웠던 당시 서민들이 저렴한 비용으로 요리를 하고 싶어 한다는 니즈를 잘 포착했다. 이 책은 프라이팬과 냄비 같은 주방 도구에 간장, 케첩 같은 흔한 재료를 활용해 비싼 재료비를 들이지 않고도 얼마든지 풍족한 식탁을 꾸밀 수 있는 요리법들을 소개했다. 이 책의 기획자는 이렇게 말한다.

"기존의 요리책은 현실감이 떨어지는 것이 사실이에요. 가정주부들은 대부분 계량스푼을 갖고 있지 않는데, 기존 책은 계량스푼을 이용해 분량을 재도록 돼 있어요. 그래서 평범한 주부를 위해 현실적인 요리책을 만들게 되었어요."

편의점에서 가장 잘 팔리는 카페라떼의 성공 요인은 타깃 선정과 니즈 파악이다. 20대 여성을 타깃으로 좁힌 후, 그들이 원두커피의 맛과 향이 나는 커피를 원한다는 니즈를 잘 간파했다. 이렇게 해서 현재 카페라떼는 컵 커피 시장에서 부동의 1위를 달리고 있다. 베스트셀러를 희망하는 저자는 이를 잘 참고하자.

책을 구매할 대상층을 명확하게 정하고, 그들이 원하는 바가 무엇인지를 잘 파악하여 글을 쓰면 그들의 관심과 호응을 이끌어 내어 좋은 반응을 얻을 수 있다.

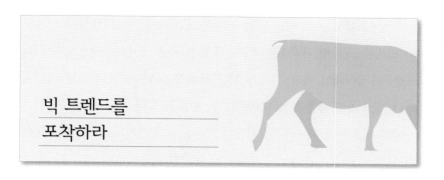

빅 트렌드를
포착하라

"창업을 하려면 트렌드 분석을 해야 합니다. 메뉴에 대한 자신감만으로는 부족해요."

모 창업 컨설턴트의 말이다. 이분은 현재 외식업 프랜차이즈를 운영하고 있는데, 창업 경력이 상당했다.

"요즘, 스몰 비어가 인기라고 해서 뛰어들면 폭삭 망하기 십상입니다. 과포화 상태에요. 게다가 최근 스몰 비어 콘셉트의 장점을 유지하면서도 다양한 주류와 메뉴를 선보이는 미들 비어가 뜨고 있어요. 스몰 비어는 지고 있고 미들 비어는 뜨고 있어요. 어떤 걸 해야 할지 뻔하잖아요."

비즈니스에서는 트렌드 파악이 매우 중요하다. 우산 장사가 앞으로의 날씨를 정확히 예측해야 하듯, 장사를 하는 분들은 앞으로의 트렌드를 콕 집어내야 한다. 그래야 성공 확률을 높일 수 있다. 트렌드는 대세다. 대중의 오감은 오로지 트렌드를 향하고 있다.

국민 대표 야식의 하나인 치킨의 경우도 마찬가지다. 그 트렌드를 살펴보자.

페리카나 양념 치킨(1980년대) ⇨ BBQ 후라이드 치킨(1990년대) ⇨
교촌 간장 치킨(2000년대 초반) ⇨ 굽네치킨 오븐구이 치킨(2000년대 후반)

이후 파닭, 마늘 치킨, 별코스 치킨, 스테이크식 치킨, 치즈돌돌맵닭, 텍쿡 문어치킨이 우후죽순 이어지고 있다. 이처럼 한 시대를 주름잡는 트렌드가 있고, 또 새로 떠오르는 트렌드가 있음을 알 수 있다. 비즈니스를 성공시키기 위해서는 트렌드를 잘 따라가야 한다. 비즈니스가 실패하는 이유는 간단하다. 트렌드를 외면하거나 거슬렀기 때문이다.

이는 출판계에도 통한다. 최근 6년간 밀리언셀러들은 하나같이 빅 트렌드를 잘 선점해 가고 있다.

2010년 『정의란 무엇인가』
2011년 『아프니까 청춘이다』
2012년 『멈추면, 비로소 보이는 것들』

2013년 『정글만리』

2014년 『미생』

2015년 『미움받을 용기』

　『정의란 무엇인가』는 한국 사회가 불공정하다고 느끼는 독자의 갑갑증을 자극했고, 이를 책으로나마 해소시켜 주었다. 『아프니까 청춘이다』와 『멈추면, 비로소 보이는 것들』은 독자의 힐링에 대한 갈망을 정확히 간파해 많은 독자들의 공감과 감동을 끌어냈다. 『정글만리』는 경제 대국으로 떠오른 중국에 대한 정보 요구를 소설로 썼고, 『미생』은 특출 난 비즈니스맨이 아닌 평범한 직장인을 주목해 그들의 고달픔을 어루만졌다. 『미움받을 용기』는 힐링이라는 키워드와 지적 수준 함양에 대한 독자들의 관심과 요구에 맞춰 아들러의 용기의 심리학을 내놓았다.

　이처럼 베스트셀러는 시대적 요구, 곧 트렌드를 잘 담아내었음을 확인할 수 있다. 따라서 책을 내고자 하는 분들은 빅 트렌드를 잘 간파해 책에 반영해야 한다. 설령, 원고가 트렌드와 전혀 관련이 없다 하더라도 최소한 제목과 소제목과 부분적 내용에 반영하는 게 필요하다. 성공하는 책을 만들기 위해서 말이다.

책의 출간 및 판매에 성공하기 위해서는 트렌드를 잘 파악해 책에 담아내야 한다.

스토리텔링을 적극 활용하라

『미움받을 용기』가 장안의 화제가 되면서 베스트셀러 1위에 오르자 아들러 열풍이 일어났다. 이와 더불어 '용기'가 들어간 책들도 상당히 많이 나오고 있다.

이 책의 성공 요인은 여러 가지로 볼 수 있지만, 서술 면에서 스토리텔링을 전격 활용했다는 점을 가장 주목해야 한다. 이 책은 대화 형식으로 전개되어 독자들에게 마치 소설 같은 느낌을 준다. 즉, 소설 형식으로 쓰인 비문학서라고 할 수 있다.

만약, 이 책이 소설 형식이 아닌 에세이 형식으로 쓰였어도 이렇게 폭발적인 반응을 이끌어 낼 수 있었을까? 아마 이만한 반응은 나오지 않았을 듯하다. 이 책은 스토리텔링을 활용하여 자칫 지루할 수 있는 심리학 이론에 독자들이 쉽게 다가갈 수 있도록 했다.

스토리텔링으로 높은 성과를 낸 사례가 더 있다. 대표적으로 2003년에 출간된 『총각네 야채가게』를 들 수 있다. 만약, 이 책이 평범한 비소설류로 쓰였다면 어떻게 되었을까? 45~50여 개의 키워드를 뽑아서 총각네 야채가게의 성공 사례를 마케팅 책으로 출간했다면, 이만한 성과를 낼 수 없었을 거다. 평당 최고 매출액에 도전하는 18평 야채가게의 젊은 장사꾼의 감동적인 이야기가 한 편의 소설로 전달되었기에 폭발적인 판매고를 올릴 수 있었을 것이다.

이를 벤치마킹한 듯한 책이 『육일약국 갑시다』이다. 이 책은 4.5평의 시골 약국 약사가 육일약국을 비롯해 영남산업, 메가스터디의 경영자가 되기까지의 이야기를 담고 있다. 『총각네 야채가게』가 소설형에 가깝다면, 이 책은 경영서, 자기계발서의 특징이 강하게 드러난다. 그러나 각 꼭지에 해당하는 키워드를 스토리텔링함으로써 이야기의 흡입력을 십분 발휘하였다.

이 책을 구체적으로 살펴보면 각 장의 제목은 다음과 같다.

① 고객을 영업부장으로 만들어라
② 고객에 앞서 직원부터 감동시켜라
③ 이윤보다 사람을 남기는 장사를 하라
④ 나누고 베풀어라, 아버지의 유산

아울러, 꼭지의 소제목은 이런 식이다.

혁신의 가장 큰 장애물, 고정관념
직장인 마인드, 자영업자 마인드
실패, 그것은 경험이자 노하우
자금의 선순환, 직원 선순환

『드림 소사이어티』의 롤프 옌센은 미래 사회는 정보와 상품보다는 꿈과 스토리의 감성적 요소가 더 중요시된다고 했다. 『새로운 미래가 온다』의 다니엘 핑크는 '미래 인재의 6가지 조건'을 디자인, 스토리, 조화, 공감대 형성, 유희, 의미 부여라고 하면서, 스토리를 포함시키고 있다. 또한, 『스토리 이코노미』에서는 이렇게 말한다.

"나는 사람들을 끌어당기는 가장 강력한 수단 중의 하나가 스토리의 힘이라는 점을 이해하게 되었다. 그리고 그 힘은 단순히 스토리 자체에만 있는 것이 아니라, 스토리가 어떻게 받아들여지는가, 스토리를 어떻게 함께 구성하는가에 따라서도 좌우된다."

이처럼 스토리는 간과할 수 없는 큰 위력을 가지고 있다. 인류의 성인인 예수, 석가, 공자도 마찬가지다. 그들의 깨달음이 추상적인 이론만이 아닌 감동적인 이야기와 대화로 전달되었기 때문에 남녀노소, 그리고 시대와 인종과 공간을 초월해 사람의 가슴속으로 파고들 수 있었다. 성경, 불경, 논어는 공통적으로 스토리텔링을 잘 활용하고 있지 않은가?

스토리텔링을 잘 활용하여 쓴 글은 내용 이해가 쉽고 재미가 있어 이야기의 흡입력을 높일 수 있다.

제4장

벽돌을 쌓듯이 글쓰기부터 차근차근

글쓰기 근육을 만들고 싶다면 일단 많이 써야 한다.

– 유시민(정치인, 작가)

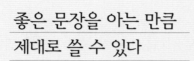
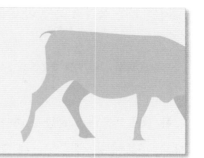

좋은 문장을 아는 만큼 제대로 쓸 수 있다

知則爲眞看 (아는 만큼 보인다.)

유홍준 교수의 『나의 문화유산 답사기』(1권)에 머리말에 나오는 말이다. 조선 시대 문장가 유한준의 글 '知則爲眞愛 愛則爲眞看 看則畜之 而非徒畜也'에서 따온 말이다. 그의 말처럼, 세계적인 유적 앞에 있어도 유적과 관련한 역사적 배경 지식과 안목이 없다면 답사의 의미가 흐려질 것이다. 문화유산에 대한 지식이 갖추어져야, 제대로 된 답사가 가능하게 된다.

이 말은 글쓰기에도 그대로 적용된다. 어떤 문장이 좋은 문장인지 그리고 그 이유가 무엇인지 알아야 비로소 좋은 문장을 쓸 수 있다. 글을 잘 쓰지 못하는 분들은 문장에 대한 知가 결여되었기 때문이다.

필자는 글을 쓰려고 하는 이들에게 이렇게 말해 주고 싶다.

知則爲眞筆 (아는 만큼 제대로 쓸 수 있다)

본 책은 비즈니스 활동을 하는 분을 대상으로 한 책이다. 앞서 말한 대로, 주로 실용서를 쓰는 데 도움을 주는 게 목적이다. 하지만 무슨 책을 쓰든지 간에 좋은 문장이란 무엇인지 우선적으로 알아야 한다. 이를 바탕으로 자신이 쓰고자 하는 책의 성격에 따라 창조적으로 변형할 수 있다.

여기서 훌륭한 문장의 예를 소설가 김훈의 여행 에세이, 한학자 정민 교수의 한시 비평, 신경숙 소설가의 소설을 통해 보여 주고자 한다. 김훈과 신경숙 소설가는 감수성 짙은 문장으로, 정민 교수는 정갈한 문장으로 정평이 나 있다. 다음의 예시를 통해 좋은 문장이란 어떤 것인지 생각해 보도록 하자. 참고로, 실용서 문장의 좋은 예는 5장에서 소개하기로 한다.

여수의 남쪽, 돌산도 해안선에 동백이 피었다. 산수유도 피고 매화도 피었다. 자전거는 길 위에서 겨울을 났다. 겨울에는 봄의 길들을 떠올릴 수 없었고, 봄에는 겨울의 길들이 믿어지지 않는다. 다 지나 오고 나도, 지나온 길들이 아직도 거기에 그렇게 뻗어 있는 것인지 알 수 없다. 그래서 모든 길은 처음부터 다시 가야 할 새로운 길이다. 겨우내 끌고 다니던 월동장구를 모두 버렸다. 방한복, 장갑, 털양말도 다 벗어버렸다. 몸이 가벼워지면 길은 더 멀어 보인다. 티셔츠 차림으로 꽃 피는 남쪽 바다 해안선을 따라 달릴 때, 온몸의 숨구멍이 바람 속에서 열렸다.

– 김훈의 『자전거 여행』(1), '꽃피는 해안선' 중

속세를 떠난 호젓한 산중이다. 처음에 시인은 밤새 비가 왔다는 사실을 알지 못했다. 그는 새벽녘 들창을 연다. 여느 때 같으면 동트기가 무섭게 조잘대며 시인의 잠을 깨웠을 새들이 오늘 따라 잠잠한 것이 궁금했던 것이다. 새들은 여태 둥지 속에 가만히 깃들어 있다. 녀석들은 왜 둥지를 떠나지 않고 있는 걸까? 간밤 비로 숲이 온통 젖었기 때문이다. 그제야 시인은 간밤 잠결에 어렴풋하던 시냇물 소리가 실은 밤새 내린 비로 물이 불었기 때문임을 문득 깨달았다

– 정민의 『한시 미학 산책』, '허공 속으로 난 길' 중

엄마를 잃어버린 지 일주일째다.

오빠 집에 모여 있던 너의 가족들은 궁리 끝에 전단지를 만들어 엄마를 잃어버린 장소 근처에 돌리기로 했다. 일단 전단지 초안을 짜보기로 했다. 옛날 방식이다. 가족을 잃어버렸는데, 그것도 엄마를 잃어버렸는데, 남은 가족들이 할 수 있는 일은 몇 가지 되지 않았다. 실종 신고를 내는 것, 주변을 뒤지는 것, 아무나 붙잡고 이런 사람 보았느냐 묻는 것, 의류 쇼핑몰을 운영하는 남동생이 인터넷에 엄마를 잃어버리게 된 이유와 잃어버린 장소

와 엄마의 사진을 올리고 비슷한 분을 보게 되면 연락하게 해달라고 게시하는 것. 엄마가 갈만한 곳이라도 찾아다니고 싶었으나 이 도시에서 엄마 혼자 갈 수 있는 곳은 없다는 것을 너는 알고 있었다.

- 신경숙의 『엄마를 부탁해』 중

이 세 작가의 문장은 간결하고 아름답기로 유명하다. 세세하게 문장에 대한 분석은 피할까 한다. 여러분이 속으로 소리를 내면서 이 문장이 왜 좋은지를 체득하기 바란다. 이 세 분은 좋은 문장을 가지고 있기 때문에 많은 독자로부터 사랑을 받을 수 있었다. 따라서 책 쓰기에 도전하지만 글쓰기의 기초가 없어서 글쓰기에 용기가 나지 않는 분이 있다면 이 세 작가의 책을 곱씹으면서 읽어 보길 바란다. 좋은 문장을 읽는 과정을 계속해서 반복해야 비로소 좋은 문장에 대한 안목(知)이 생기고, 그에 따라 제대로 좋은 문장을 쓸 수 있게 될 것이다.

좋은 문장을 반복해서 많이 읽고, 어떤 문장이 좋은 문장인지, 왜 좋은 문장인지 그 안목을 키움으로써 비로소 좋은 문장을 쓸 수 있다.

꾸준히 써야
간결한 문장이 나온다

대학교에서 대학국어 작문과 창의적 글쓰기를 강의한 적이 있다. 글쓰기와 거리가 먼 공대와 경영대, 미대 학생들이 주 대상이었다. 이때 만나게 된 학생 가운데 일부 학생은 글을 곧잘 썼지만 대다수 학생들이 쓴 글은 엉망이었다. 도대체 무슨 말인지 이해할 수 없는 긴 문장과 번역투 문장을 쓰는 학생들은 생각보다 더 많았다. 그 이유가 뭘까?

그 이유는 평소 글쓰기에 시간을 전혀 투자하지 않았기 때문이다. 요즘 학생들은 일기, 편지(이메일), 독서 감상문, 영화평 등 일상생활에서 짤막하게 쓸 수 있는 글조차도 잘 써 보지 않아 논리적으로 글을 쓰기가 힘들다. 유명 작가들도 어릴 때부터 글쓰기에 관심을 갖고 많은 시간을 투자한 결과로 수준 높은 글쓰기 실력을 가질 수 있었을 것이다. 말콤 글래드웰의 '일만 시간의 법칙'이 말하듯, 꾸준하게 시간을 투자하면 좋은 글쓰기 실력을 가질 수 있다.

십여 년 전 출판사에서 근무할 때다. 지방에서 운수업을 하는 60대 모 대표님의 책 출판 작업을 맡게 되었다. 초졸이라는 학력이 전부인 그분은 자수성가하여 버스 100여 대를 보유한 기업체 대표가 되었다. 그분은 지방 구청장 선거에 출마하기 위해 책을 내기로 했다. 그런데 그분이 자료로 보낸 일기장 삼십여 권을 보고 깜짝 놀랐다. 최근에 쓰인 짤막한 일기들은 잘 써진 문학적인 시와 견주어도 손색없을 정도의 수준이었다.

그분의 글을 훑어보고 있을 때 그분이 출판사에 찾아왔다. 그분에게 물었다.

"시를 따로 배우셨습니까? 아니면, 시집을 즐겨 보십니까? 문장력이 대단하십니다."

그분이 미소를 머금고 말했다.

"과찬의 말씀입니다. 전 시를 좋아한 적도 없고, 시를 즐겨 읽지도 않습니다. 다만, 이십여 년간 하루도 빠짐없이 일기를 써 왔을 뿐입니다. 내 일기를 봐서 알겠지만, 한두 줄 간략하게라도 매일같이 일기를 써 왔어요."

그분의 말대로 일기를 차근차근 읽어 보니 글의 수준이 날로 발전하는 것이 눈에 보였다. 일기는 대체로 한두 단락 정도의 짧은 글로 쓰였다. 이십여 년 전 글은 비문도 많고 다소 엉성해 보였지만 여러 해가 지나면서 눈에 띄게 문장이 안정되기 시작했다. 이렇게 이십 여 년을 일기를 쓰다 보니 문장이 정확하고 간결해졌다.

　게다가 몇 해 전부터는 일기에 시심이 엿보였다. 그분은 스스로 리듬을 터득해 시적인 문장으로 일기를 썼다. 나는 그분의 일기를 보면서 무릎을 탁 쳤다.

　'나도 이분처럼 여러 해 동안 꾸준히 쓰고 고치는 과정 끝에 시인이 될 수 있었지.'

　『통섭』의 저자이자 동물행동학자인 최재천 교수는 간결한 문장으로 정평이 나 있다. 과학 분야에서 이처럼 좋은 글쓰기를 보여 주는 사례를 거의 찾아보기 힘들다. 그의 저서인 『생명이 있는 것은 다 아름답다』를 통해 간결한 문장이 갖고 있는 흡입력을 느껴 보자.

여성들이 연하의 남자를 선택하는 것은 여성들의 경제력과 무관하지 않다. 데릴사위의 경우 부인의 가문이 거의 예외 없이 눈에 띄게 월등했다. 사위가 될 사람의 재력이 아니라 인물 됨됨이와 재능이 선택의 기준이었다. 현재 우리 사회의 여대생들은 대부분 졸업 후 사회 진출을 희망하고 있으며, 자기만의 능력을 쌓는 일에 남학생들보다 더 열심이다. 앞으로 여성들의 사회적 지위가 높아지고 경제력이 신장되면 반드시 돈과 권력을 갖춘 나이 많은 남자를 선호해야 할 필요성이 줄어들 것이다. 대신 좀더 자유롭게 애정 표현도 잘 하고 훨씬 나긋나긋한 연하의 남자를 선호할지도 모른다.

글쓰기와 거리가 먼 전공을 하는 그가 어떻게 좋은 글쓰기를 할 수 있었을까? 그는 유학 시절 글쓰기 강의에서 쓰고 읽고 고치는 과정을 치열하게 반복했다고 한다. 이런 글쓰기 훈련은 이후 지속되어 왔을 게 분명하다. 그 결과, 그의 책은 누구나 쉽고 친근하게 읽을 수 있게 되었다.

물방울 하나는 우습다. 하지만 지속적으로 한 곳에 떨어지면 바위도 뚫을 수 있다. 이처럼 좋은 문장을 얻기 위해서는 꾸준히 글을 쓰는 게 필요하다. 처음엔 볼품없는 문장도 수년간 꾸준하게 쓰다 보면 문장력이 눈부시게 달라져 있을 것이다.

🐄 🐄 🐄 🐄

'일만 시간의 법칙'이 말하듯, 글도 오랫동안 꾸준하게 쓰다 보면 어느새 문장력이 눈부시게 달라져 있을 것이다.

필사가
글쓰기 훈련 비법이다

가수 지망생들은 롤모델이 되는 가수의 노래를 무한히 따라 부르며 노래 연습을 하곤 한다. 그저 열심히 죽어라 따라 부르다 보면 자신의 롤모델인 가수와 어느 정도 비슷한 창법을 구사할 수 있게 된다.

'따라 하기'는 실력을 연마하는 방편으로 모든 예술에 적용된다. 가령, 회화에서는 롤모델 화가의 작품을 모사하는 경우가 있다. 구도와 색상은 물론 선 하나하나까지 똑같이 따라 하다 보면, 자연스레 롤모델인 화가의 회화 기법이 몸에 체득된다. 이렇게 끊임없이 모사하다 보면 그림 실력이 분명 좋아지게 될 것이다.

피카소도 다른 화가 그림을 모사하고 좋은 작품의 장점을 자신의 것으로 차용했다. 일례로, '한국의 학살'은 고야의 '5월 3일의 처형'이라는 그림을 모사해 자신의 그림에 차용했다. 그는 이렇게 주장했다.

"모사는 자기 훈련이며 수업이기도 하다."

글쓰기도 마찬가지다. 자신이 좋아하는 글을 많이 필사하다 보면 글쓰기 실력이 향상된다. 이때, 앞서 말했듯이 좋은 문장을 분별할 줄 알아야 한다. 이를 통해 좋은 문장이 나온 책을 잘 선택해 집중적으로 필사해야 한다. 사람의 가슴을 울리는 아름다운 문장으로 유명한 신경숙 또한 베끼기를 강조한다.

"『강』을 시작으로 나는 그 여름을 내 노트에 선배들의 소설을 옮겨 적는 일을 하며 지냈다. 최인훈의 『웃음 소리』, 김승옥의 『무진기행』, 이제하의 『태평양』, 오정희의 『중국인 거리』, 이청준의 『눈길』, 윤흥길의 『창』, 강호무의 『화류항사』.... 그냥 눈으로 읽을 때와 한 자 한 자 노트에 옮겨 적어 볼 때와 그 소설들의 느낌은 달랐다. 소설 밑바닥으로 흐르고 있는 양감을 훨씬 세밀히 느낄 수가 있었다."

나 또한 마찬가지다. 시 습작을 할 때 부단히 필사했다. 높은 평가를 받는 시집 가운데 마음에 드는 시집을 선별하고 나서, 시집에서 가장 눈이 가는 시를 노트 위에 열 번씩 옮겨 적었다. 눈으로 시를 볼 때와 달리, 펜으로 종이 위에 꾹꾹 눌러 적으면서 속으로 소리를 내다 보면 많은 걸 얻을 수 있었다. 리듬, 이미지, 행갈이 등을 굳이 암기를 하지 않아도 그 기법이 나도 모르는 새 체득되어 내 것으로 재탄생되었다.

책을 내고자 하는 일반인들은 소설이든, 시든, 에세이든, 실용서든 문장이 좋다고 평가받는 책을 고른 후, 시간이 날 때마다 필사를 해 보자. 컴퓨터에 한글을 펼친 후, 필사를 하고 그 과정을 통해 책 속의 단어와 문장에서 느껴지는 힘과 깊이의 원천이 무엇인지 고민해 보자. 이것도 귀찮다면, 그냥 책의 여백에 마음에 드는 구절을 음미하면서 베껴 적어 보자. 처음엔 이게 대단한 훈련이 되겠냐 싶지만, 반복적으로 필사를 하다 보면 어느새 좋은 문장을 쓰는 자신을 발견하게 될 것이다.

문장이 잘 쓰인 책을 선택하여 반복해서 필사를 해 보자. 글쓰기 실력이 자기도 모르는 새 체득되고 향상되어, 내 것으로 재탄생될 것이다.

최대한
쉬운 단어를 사용하라

보고서든, 제안서든, 일기든, 논문이든, 실용서든 그 모든 글쓰기의 첫
걸음은 의미 전달이 분명하도록 단어를 선택하고 적절하게 배치하는 것
이다. 단어 하나도 제대로 쓰지 못하는 사람의 글은 아무리 콘텐츠가
뛰어나다고 해도 결코 좋은 평가를 받을 수 없다. 의미 전달이 분명하
지 않은 글은 콘텐츠 자체의 평가에도 악영향을 끼친다.

분명하게 의미가 전달되는 단어를 사용하기 위해서는 어려운 한자
어, 외래어, 전문용어의 사용을 자제해야 한다. 특별히 그 의미를 강조
해야 한다거나 용어 사용이 불가피하다면 어쩔 수 없지만 지나치게 현
학적으로 나열하지 말아야 한다. 글은 저자와 독자가 소통하는 매개체
이므로 누구나 한눈에 무슨 뜻인지 파악할 수 있는 단어를 사용해야
한다.

한자어, 외래어, 전문용어가 쓰인 문장의 예를 들고, 이를 쉬운 우리말로 고쳐 보겠다. 이를 잘 참고해 앞으로 쓰는 문장에는 쉬운 우리말을 많이 사용하자.

한자어

단도직입적으로 ▶ 한마디로

일체의 언급을 회피했다 ▶ 아무 말도 하지 않았다

많은 우려를 표시했다 ▶ 많은 걱정을 했다

경악을 금치 못했다 ▶ 깜짝 놀랐다

외래어

가이드라인 ▶ 지침

골 세레머니 ▶ 득점 뒤풀이

노블레스 오블리주 ▶ 지도층의 의무

패널 ▶ 토론자

한자어, 외래어

세무 회계 프로그램과 연계한 지방소득세 전자신고를 위한 파일 레이아웃을 위택스에 게재 중이오니 자세한 사항을 알고 싶으면 위택스 공지사항을 참고하시기 바랍니다.

▶ 세무 회계 프로그램과 연계한 지방소득세 전자 신고를 위한 파일 형식을 위택스에 올려두었으니 자세한 사항을 알고 싶으면 참고하시기 바랍니다.

전문용어

담보를 징구하다 ▶ 담보를 받는다

기산일 ▶ 시작하는 날

척추 전만증에 걸려 ▶ 척추가 휘어지는 증상에 걸려

대한상의, '미래 SCM 컨퍼런스' 열어 ▶ 대한상의, '미래 SCM(Supply Chain Management: 공급망 관리) 컨퍼런스' 열어

이처럼 쉬운 우리말로 바꾸어 쓰면 그 뜻이 곧바로 머릿속에 떠오르게 된다. 때문에, 독자가 편하게 글을 읽을 수 있다. 평소 한자어, 외래어, 전문용어를 남발하는 분들은 글을 쓸 때마다 그 단어를 솎아 낸 후 사전을 참고해 쉬운 우리말로 바꾸어 쓰는 습관을 길러야 한다. 예를 들면, 문장에 '기산일'을 무심코 썼다고 하면 잠깐 사전을 찾아 보고 쉬운 우리말로 고쳐 쓰도록 하자.

🐄 🐄 🐄 🐄

글은 저자와 독자가 소통하는 매개체이므로 누구나 한눈에 의미를 파악할 수 있도록 쉬운 단어를 사용해야 한다.

단문으로 쓰면
의미가 잘 전달된다

"왜 내 글에 낮은 점수가 나왔는지 이해되지 않습니다. 저는 문장력에 자신이 있습니다. 보시다시피, 이런 문장은 아무나 쓸 수 없잖아요?"

대학교에서 글쓰기 강의를 할 때다. 공대 학생이 자신의 글에 낮은 평가가 나오자 내게 항변을 했다. 사실 필자도 그 학생의 글을 읽으면서 독서를 많이 하고 생각도 깊은 친구일 것 같다는 생각을 했었다. 그 학생은 논리적이면서도 문장 길이가 긴 고난이도 문장을 쓰기 위해 애쓴 듯했다. 그러나 바로 이 점이 실책이었다.

"학생의 글은 논리적인 점에서는 높은 점수를 받았어요. 문제는 만연체의 문장을 사용하다 보니 비문이 많이 생겼다는 거예요. 이 에세이의 내용을 보고 다른 학자가 최고라고 평가할지 몰라도, 문장 자체만을 본다면 낙제를 면치 못합니다."

이처럼 글쓰기를 할 때 가능하면 긴 문장을 피해야 한다. 문장이 길어지면 문법에 맞는지 체크하기가 힘들어지고 비문이 될 가능성이 매우 높다. 또한 긴 문장은 호흡이 길어 독자에게 부담을 주고 무슨 뜻인지 파악하기 힘들다. 끝도 없이 길게 늘어진 법조문의 문장을 떠올려 보라. 그 글을 보는 순간 스트레스 지수가 팍 올라갈 것이다. 다음 두 예문을 놓고, 간결하게 고쳐 보자.

> ⓐ 대전국제우주대회는 60여개국 3000여 명의 우주관련 전문가 및 관련 업체가 참여하는 항공우주 분야 최고의 행사로 지속 가능한 평화와 발전을 위한 우주를 주제로 열리는 이번 대회는 학술대회 전시회와는 별도로 일반 시민이 함께 즐길 수 있는 다양한 우주 축제가 진행될 것이다.

▶ _____

_____

_____

_____

_____

▶ 대전국제우주대회는 '지속 가능한 평화와 발전을 위한 우주'를 주제로 60여 개국 3,000여 명의 우주 관련 전문가 및 관련 업체가 참여하는 행사이다. 이번 대회는 학술대회 전시회와는 별도로 일반 시민이 함께 즐길 수 있는 다양한 우주 축제가 진행될 것이다.

ⓑ 일반적으로 마케팅은 현재 및 장래 구매고객들의 필요와 욕구를 창조하고 판단하여, 만족시키며 관리하는 것을 목적으로 하는 활동으로 고객 및 잠재고객의 욕구를 충족시켜주기 위한 제품 또는 서비스를 계획하고 그 가격을 결정하며 촉진하고 배분하기 위해 수행되는 기업행위를 의미한다.

▶ _____

_____

_____

_____

_____

▶ 일반적으로 마케팅은 현재 및 장래 구매 고객들의 필요와 욕구를 창조하고 판단하여, 만족시키며 관리하는 것을 목적으로 하는 활동을 말한다. 또한, 고객 및 잠재고객의 욕구를 충족시켜 주기 위해 제품 또는 서비스를

계획하고 그 가격을 결정하며, 이들 제품이나 서비스를 촉진하고 배분하기 위해 수행되는 기업 행위를 의미한다.

ⓐ 문장은 한 문장에 주어가 '대전국제우주대회는', '대회는' 둘이라서 비문이다. 이를 피하기 위해서는 단문 두 개로 나누어야 한다. ⓑ 문장은 두 문장으로 나눔으로써 의미 전달이 훨씬 분명하다. 이처럼 단문을 잘 사용하면, 주어와 서술어가 호응하지 않아 생기는 비문을 피할 수 있다.

🐂 🐂 🐂 🐂

문장이 길어지면 비문이 될 가능성이 매우 높다. 반면, 단문을 사용하면 주어와 서술어의 비호응으로 인한 비문을 피할 수 있다.

속으로 소리 내 읽으면서
글을 쓰라

"왜 이렇게 군더더기가 많아?"

지도 교수가 학생의 석사 논문에 나온 권필의 한시 번역문을 지적했다. 일례를 들면, 이런 식이었다.

空山木落雨蕭蕭

텅 빈 산에 나뭇잎은 떨어지고 비는 부슬부슬 내리는데

지도교수가 위의 시 번역문을 놓고, 이렇게 수정을 요구했다. '텅 빈'을 '빈'으로, '떨어지고'를 '지고'로, '부슬부슬 내리는데'를 '내리는데'로 고치라고 했다. 이대로 고치니 다음과 같이 훨씬 간결한 글이 되었다.

空山木落雨蕭蕭
빈 산에 나뭇잎은 지고 비는 내리는데

『한시 미학 산책』으로 유명한 정민 교수가 석사학위 논문을 쓸 때 이야기다. 그는 이처럼 꼼꼼하게 글쓰기를 지도받아 간결한 글쓰기의 정석을 터득하게 되었다. 위에서 보듯이, 간결한 문장을 만들기 위해서 불필요한 형용사, 부사를 빼야 한다. 글쓰기 초보자들의 경우 자신의 문장에서 형용사, 부사를 빼기만 해도 훨씬 문장이 명료해질 것이다.

어떻게 하면 군더더기를 솎아 낼 수 있을까? 가장 좋은 방법은 음독이다. 자신이 쓴 문장을 속으로 몇 번이고 곱씹다 보면 거추장스러운 표현이 눈에 들어온다. 문장에서 거품 같은 표현을 찾아내기란 쉽지 않기 때문에 자신이 쓴 문장을 반복해서 음독하는 습관을 가져야 한다. 이 과정을 통해 정민 교수의 예처럼 간결한 문장을 쓸 수 있을 것이다.

음독이 주는 또 다른 효과는 문장에 리듬을 준다는 것이다. 잘 읽히는 책은 문장에 리듬이 있는 경우가 많다. 그 대표적인 예가 대중적으로 2천만 부가량 읽힌 이문열 소설가의 『삼국지』이다. 유비에 대한 노식의 생각을 예로 들어 보자.

배움에 있어서도 마찬가지였다. 남다른 재주가 있는 것 같지도 않고, 그렇다고 힘써 서책에 매달리는 것 같지도 않았지만 대강을 이해하는 데는 누구보다 빨랐다. 거기다가 더욱 알 수 없는 것은 사람과의 사귐이었다. 보일 듯 말 듯한 온화한 미소뿐 지나치리만큼 말수가 적고, 움직임에도 애써 남의 비위를 맞추려 들려는 흔적이 보이지 않았지만, 그의 주위에는 언제나 그와 사귀기를 원하는 동문들이 몰려 있었다.

이처럼 리듬 있는 문장은 독자들에게 읽는 즐거움을 선사한다. 이 유려한 문장은 한시를 비롯해 수백여 권의 시집을 탐독해 몸에 밴 가락과 음독을 통해 얻어진 것이다. 정민 교수도, 좋은 글은 글의 리듬이 읽는 것을 간섭하지 않는다고 하면서 음독을 강조한다.

자신의 문장에서 군더더기를 솎아 내는 가장 좋은 방법은 음독이다. 자신이 쓴 문장을 속으로 몇 번이고 곱씹다 보면 거추장스러운 표현이 눈에 들어온다.

입 말투가
독자를 사로잡는다

"앞으로 10년 뒤 뭘로 먹고 사나?"

언젠가 삼성 이건희 회장이 한 말이다. 이 말은 삼성 핸드폰이 전 세계적으로 불티나게 팔리고 있을 때 나왔다. 모름지기 세계적인 기업의 총수는 뭐가 달라도 크게 다르지 않은가? 이렇듯 선견지명을 놓치지 않는 회장이니 역시나 반도체에서 핸드폰으로 수출 품목을 잘 갈아타는 데 성공한 거다. 좀 잘나간다 하는 한국의 1,000여 대기업의 회장들은 당장의 이익에 만족하거나, 잘 해야 몇 년 앞만 내다보는 게 현실이다. 그런데 삼성 이건희 회장은 현재의 패러다임에 안주하지 않았다. 요즘처럼 빠르게 변하는 시대는 앞으로 10년 뒤를 내다보는 미래학적 사고방식이 요구된다.

2009년, 모 출판사에서 베스트셀러가 된 가치 투자에 관련한 책의 내용이다. 이 책은 내가 기존 원고에 살을 붙이는 작업을 했다. 주식 관련 서적들은 대부분 내용이 어렵고 복잡해서 지루하게 느껴지고 책장이 잘 넘어가지 않는다. 하지만 이 책은 제법 재미있게 술술 읽힌다는 이야기를 많이 들었다.

이처럼 어려운 내용인데도 잘 읽히는 책의 비결은 바로 입말 투에 있다. 입말 투 문장이란 글말 투, 즉 일상에서 잘 사용하지 않는 문어체와 달리 일상에서 우리가 편하게 사용하는 어투인 구어체로 쓰인 문장을 의미한다. 입말 투의 문장은 독자가 글을 편하게 읽을 수 있도록 하고 내용 전달도 잘 이뤄지는 효과가 있다. 입말 투의 장점이 와닿을 수 있도록 다음의 예시를 살펴보도록 하자.

▶ "앞으로 10년 뒤 무엇으로 먹고 살 것인가?"

몇 년 전 삼성 이건희 회장이 한 말로 삼성 핸드폰이 전 세계적으로 불티나게 팔리고 있을 때 나왔다. 모름지기 세계적인 기업의 총수는 국내의 여느 회장과 크게 다르다. 이렇듯 선견지명을 놓치지 않는 회장이기 때문에 반도체에서 핸드폰으로 수출 품목을 잘 갈아타는 데 성공한 것이다. 규모가 큰 한국의 1,000여 대기업의 회장들은 당장의 수익에 만족하거나, 잘해야 몇 년 앞만 내다보는 것이 현실이다. 그런데 삼성 이건희 회장은 현재의 패러다임에 안주하지 않았다. 요즘처럼 급변하는 시대는 앞으로 10년 뒤를 내다보는 미래학적 사고방식이 요구된다고 하겠다.

이렇듯 확연하게 그 차이를 느낄 수 있다. 때문에, 책으로 가능한 한 많은 대중과 소통하고자 하는 분은 친근한 입말 투를 사용하는 게 좋다. 문제는 글쓰기 초보자들이 입말 투를 쓰기 쉽지 않다는 데 있다. 글을 쓰는 것이 익숙지 않은 사람일수록 문장이 경직되기 마련이다. 그런 사람들이 입말 투를 익히는 데 좋은 방법이 있다.

간단하다. 특정 인물(책 판매의 타깃)을 앞에 두고 조곤조곤 대화하듯이, 혹은 그에게 편지를 쓰듯이 쓰는 것이다. 예를 들면, '여자의 운명은 20대에 결정된다'란 책을 쓸 경우, 실제 자신이 아는 20대 여대생 한 명을 앞에 두고 격의 없이 자연스럽게 대화한다는 자세로 쓰면 된다. 아니면, 그 여대생에게 편지를 쓰는 것처럼 진솔하고 정감 있게 한 자 한 자 써 가면 된다. 이게 습관이 되어야, 자신이 쓰고자 하는 바를 입말 투로 술술 써 내려 갈 수 있을 것이다.

어려운 내용의 책이더라도 잘 읽히게 할 수 있는 비결은 독자를 앞에 두고 조곤조곤 대화하듯 입말투 문장으로 쓰는 것이다.

한 단락에
하나의 주제를 담자

이 단락의 소주제는?

중·고등학교 때, 국어 참고서와 문제집에서 이런 문제를 자주 접했을 것이다. 이것은 주로 논리적인 글인 설명문이나 논설문의 전체 가운데에서 '한 부분'(단락)의 소주제를 묻는 문제다. 글 전체의 주제가 있듯이, 글의 부분(단락)들도 작은 주제를 가지고 있다. 하나의 단락은 단 하나의 소주제만을 담고 있다.

좋은 글을 쓰려면 자신이 쓰는 글의 각 단락이 하나의 주제로 연결되어야 한다. 단락과 소주제의 개연성을 무시하고 글을 쓰는 건 마치 부실하게 기초 공사를 하고 고층 빌딩을 짓는 것과 같다. 따라서 '단락'에 대한 기본 개념을 잘 숙지하도록 하자.

▶ 단락이란?

하나의 중심 생각을 표현하기 위해 여러 문장들을 모아 놓은 단위이다.

▶ 단락의 요건은?

① 단락은 하나의 중심 생각으로 이루어져야 한다. 그러기 위해서 가능하면 대상 범위를 좁히고 제한하는 것이 좋다.

② 단락은 통일성이 있어야 한다. 즉, 소주제문과 뒷받침 문장이 같은 내용이어야 한다.

③ 단락은 일관성이 있어야 한다. 소주제문을 구체화하는 뒷받침 문장들이 자연스럽고 이치에 맞게 배열되어야 한다.

어려운 말일 수 있는데, 예시를 보면 쉽게 이해가 갈 것이다. 아래의 두 글 ⓐ, ⓑ는 모두 단락이 잘 만들어졌다. 밑줄 그어진 맨 앞 문장이 소주제문이고 뒤에 이어지는 문장이 뒷받침 문장들이다. 즉, 단락은 소주제를 담은 문장 + 이를 뒷받침하는 문장들로 이루어진다.

ⓐ <u>현대인에게 텔레비전은 필요한 필수품이 되었다.</u> 텔레비전을 통해 사람들은 뉴스도 보고, 재미있는 영화나 드라마를 보면서 시간을 보내기도 한다. 그리고 심지어는 새로운 지식을 얻기도 하고 교육을 받기도 한다. 다시 말하면, 텔레비전은 현대인에게 다른 나라에서 벌어지는 일을 신속하고 정확하게 알려줄 뿐만 아니라 심심하고 무료할 때 즐거움과 유쾌함을 준다.

ⓑ 우리는 먼저 인생의 열애자가 되어야 한다. 내 인생을 열렬하게 사랑해야 한다. 적극적으로 사랑해야 한다. 적극적 의욕과 진취적 기상을 가져야 한다. 그것이 알찬 생을 우리에게 약속한다. 인생에서 제일 무서운 것은 권태다. 왜냐하면 '권태의 생'은 죽은 생이나 다름없기 때문이다.

위의 예문은 소주제문이 앞에 있기에 흔히 두(머리 頭)괄식 단락이라고 한다. 이와 함께 소주제문이 단락의 맨 뒤에 있으면 미(꼬리 尾)괄식이라고 한다. 글쓰기 초보자는 미리 소주제문을 써 놓고 그에 대한 뒷받침 문장을 쓰는 두괄식을 사용하는 것이 편하다. 또한, 두괄식은 읽는 사람에게 요지를 명확하게 전달할 수 있다는 이점이 있다.

깔끔하고 명확한 글을 쓰기 위해서는 단락에 신경 써야 한다. 또한, 글을 완성한 후 퇴고할 때 모든 단락이 하나의 주제로 잘 만들어져 있는지 확인해야 한다. 만약 하나의 단락에 두 개, 세 개의 주제가 들어있을 경우 두 단락, 세 단락으로 구분하도록 하자.

깔끔하고 명확한 글을 쓰기 위해서는 단락에 신경 써야 한다. 각 단락은 하나의 주제로 연결되어야 하며, 하나의 단락은 단 하나의 소주제만을 담고 있어야 한다..

제5장

아무리 콘텐츠가 좋아도
잘 써야 보석이 된다

혼자만의 글을 써서 숨겨두지 말고,
SNS 등 여러 사람이 볼 수 있는 자리에 계속 발표하라.

– 기시미 이치로(『미움받을 용기』의 저자)

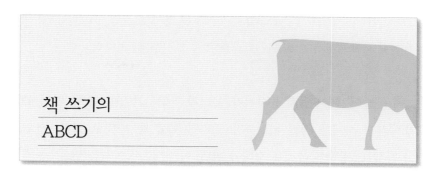

책 쓰기의
ABCD

"책을 쓰는 절차가 있습니까?"

흔하게 듣는 질문이다. 요즘 사업가나 강사들이 책을 내고자 하는 경우가 많다. 그런데 이분들이 막상 책을 쓰려고 마음먹으면 시간도 부족하고 또 어디서부터 시작해야 할지 몰라 난처해하곤 한다.

책을 많이 써 온 필자는 그리 어렵지 않게 기획부터 시작한다. 보통 두세 개 정도의 책 기획을 한 후 출판사에 기획안들을 보여 준다. 그중 채택된 기획안은 출판사와 계약을 진행하고 본격적인 집필 작업에 들어간다. 이 과정에서 일정한 책 쓰기의 절차가 있다. 이는 효율적으로 출판을 진행하기 위한 절차로, 상황에 따라 융통성 있게 조정이 가능하다. 절차는 다음과 같다.

주제 정하기 (콘셉트+타깃 정하기) ⇨ 유사도서 분석 & 자료 수집 ⇨ 예상 제목 및 차례 정하기 ⇨ 출판 기획안 작성 ⇨ 쓰기 및 퇴고

예를 들어, 패션 업계 종사자가 '옷가게 창업자가 알아야 할 것들 45가지'라는 주제를 정했다고 하자. 그러면 이를 한 마디로 말할 수 있는 콘셉트, 명확한 타깃을 정해야 한다. 이 두 가지는 책을 만들 때 결정해야 하는 많은 요소와 직결되기 때문에 이것들이 불분명하면 책의 정체성이 모호해져서 앞으로 어떤 책이 나올지 예상할 수 없다.

그 다음, 유사 책이 나왔는지 조사를 해야 한다. 옷가게와 창업 두 개의 키워드를 네이버와 인터넷 서점에 넣어 검색을 하면 유사한 책이 있는지 없는지 확인할 수 있다. 이때, 자기가 생각한 것과 유사한 책이 있다면 이 책과 다른 방향, 다른 내용으로 써야 한다. 이 경우 주제를 살려 갈 수도 있지만, 그렇지 못할 경우에는 어쩔 수 없이 주제를 포기해야 한다. 그래서 주제를 설정할 때에는 반드시 유사도서 분석을 해야 한다.

만약 유사도서가 있다 하더라도 콘텐츠를 새로운 방향으로 서술하여 기존의 책 이상의 내용을 쓸 수 있다면 그 주제를 살릴 수 있다. 하지만 기존 도서를 뛰어넘을 자신이 없다면 다른 방향으로 선회하는 걸 고려해야 한다.

이렇게 해서 나만의 주제가 잡히면 이에 대한 자료를 수집해야 한다. 해당 자료는 인터넷 서점은 물론 국회 도서관(http://www.nanet.

go.kr/main.jsp), 국립 중앙도서관(www.nl.go.kr)과 논문 사이트(www.riss.kr www.keris.or.kr) 등에서 관련 책과 논문을 수집할 수 있다. 이와 함께 네이버 검색을 통해, 주제와 관련된 활동을 하는 블로그와 카페에서 해당 자료를 수집할 수 있다. 자료를 수집하고 참고하는 과정에서 저작권에 더더욱 신경 써야 한다. 또한 책에 직접적으로 인용해야 하는 경우에는 반드시 출처를 밝혀 줘야 한다.

그 다음은 예상 제목과 차례 구성이다. 수집한 자료에서 참고한 제목과 차례를 자신만의 새로운 제목과 차례로 재구성해야 한다. 좋은 제목과 차례를 위해 가능한 한 자료를 많이 찾아보고, 또 자신의 주제에 집중해야 한다. 또 제목과 차례를 여러 개 만들어 보는 것이 좋다. 여러 개의 제목과 차례 중 유사도서와 확연히 차별화되고 또 요즘 트렌드에 가장 부합하는 것을 최종적으로 선택한다.

그리고 나서 출판 기획안(출판 기획서)을 작성해야 한다. 여기에는 예상 제목, 차례와 함께 저자 소개, 기획 의도, 책 소개가 들어가야 한다. 책 소개에는 핵심 주제, 타깃 독자, 책의 장점과 차별성, 예상 쪽수, 홍보 문구 등을 넣어야 한다. 이렇게 일목요연하게 설계도를 만들고 나면 앞으로 어떤 글을, 어떻게 써야 할지 윤곽이 분명하게 손에 잡힌다. 참고로, 출판 기획안(출판 기획서) 양식은 부록에 소개했으니 잘 숙지해 두자.

이후, 초고 쓰기와 고쳐 쓰기이다. 원고를 쓰고 나서 몇 번이고 고치는 작업은 반드시 필요하다. 시간이 있다면, 초고를 몇 달 묵히고 나서 고치면 전에 보지 못한 문제점을 발견할 수 있다.

처음부터 절차에 맞게 완벽한 책 쓰기를 하기는 힘들다. 프로 작가도 신인 때부터 완벽하게 책 쓰기를 한 것은 아니다. 하지만 시도를 해 볼 필요는 있다. 리더십의 거장 제임스 쿠제스는 『최고의 리더』에서 말한다.

"실패해도 다시 시도하는 사람만이 영원한 유산을 남긴다. 계속 시도하고 배운다면 결국은 성공할 수 있을 것이고, 끝내 변화를 만들어 낼 수 있을 것이다."

출판을 목표로 글을 쓸 때에는 책 쓰기의 일정한 절차에 따라 쓰는 것이 효율적이다.

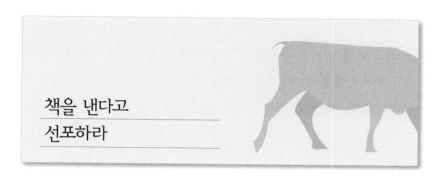

책을 낸다고
선포하라

"목표를 달성하고자 했을 때 그 목표를 타인 앞에서 선언하게 되면 이룰 수 있는 가능성이 높아진다. 한 번 정도 다른 사람 앞에서 무엇을 하겠다고 선언을 하게 되면 그 다음에는 물러서지도 못하고 전진할 수밖에 없다. 할 수 있다고 생각한 순간 목표로 돌진하는 에너지가 솟아나서 자신도 따르게 되는 것이다."

『성공하는 사람 실패하는 사람』에 나오는 말이다. 『칭찬은 고래도 춤추게 한다』의 저자 켄 블랜차드 또한 "목표는 공표하는 순간 현실이 되며 정해지는 것이다."라고 했다. 이처럼 목표는 감추는 것보다 여러 사람에게 드러냄으로써 달성 가능성이 더욱 높아진다. 선포는 손정의의 호언장담하고도 통한다. 그는 자신의 성공 비결을 이렇게 말한다.

"나는 10대 때부터 말도 안 되는 허풍을 떨곤 했다. 그렇게 호언장담을 하고 나면, 궁지에 몰리게 된다. 그런데 그게 오히려 강한 책임감과 동기 부여로 작용해 어떻게든 그것을 사실로 만들기 위해 노력했다. 조직의 미래를 장담하고 강한 결의로 사람들을 이끄는 것, 이게 나의 리더십이다."

글쓰기도 이와 비슷한 방법으로 할 수 있다. 타인에게 책을 쓰고 있다는 것과 출간 의지에 대해 밝힘으로써 반드시 지켜야 할 약속을 만드는 것이다. 안철수는 바이러스 연구소를 경영할 때 잠자는 시간이 부족할 정도로 백신 개발에 매진했다. 그에게는 글을 쓸 만한 여유가 있지 않았다. 그런 그가 과연 어떻게 책을 쓸 수 있었을까? 그는 잡지사에 전화를 걸어 새로운 기술에 대한 글을 쓰겠다고 제안을 한 후, 잡지사로부터 원고 마감 기간을 받았다. 이렇게 타인과의 약속을 통해 도중에 포기할 경로를 완전히 차단해 버렸다.

그는 말한다.

"기사 마감을 약속해 놓고 무산시키면 안 되니까 잠을 더 줄이든지 틈틈이 시간을 내서 그걸 만들죠."

경제경영 및 자기계발 베스트셀러 작가인 공병호도 마찬가지다. 그는 한 해에 무려 십여 권이라는 책을 출간한다. 어마어마한 분량이다.

때문에 혹자는 그가 전문 작가이니 책 집필에 모든 시간과 온 신경을 모았을 거로 생각하지만 이유가 꼭 거기에 있는 것만은 아니다. 그는 연간 300회의 강연을 하러 전국을 누비는 데다 공부에 투자하는 시간도 상당하다. 그러다 보면, 책을 집필할 수 있는 순수한 시간이 많지 않다. 그래도 출판사와 계약한 10여 권의 책 원고 마감 기일을 지키기 위해, 집중력에 방해가 되는 음주도 삼가고, 또 외부와의 전화도 최대한 짧게 하고 이른 새벽에 일어나 식사도 잊은 채 집필에 집중한다고 한다.

필자 또한 그렇다. 뚜렷한 목표 설정이 없을 때는 많은 시간이 있어도 집필 과정에서 진도가 나가지 않는다. 반면, 지인에게 언제까지 책이 나온다고 선포하거나, 출판사와 책 계약을 하고 나면 정신에 불이 번쩍번쩍 들어오는 것 같다. 그러면 아무리 글쓰기 환경이 열악하고 또 시간이 부족해도 어떤 식으로든지 글쓰기를 밀고 나가게 된다.

직장인과 강사, 기업인들은 책을 내는 것에 대한 절실함을 가지고 있지만 다들 여유가 없다고 하소연한다. 야근에 지방, 해외 출장에다 쉬는 날에도 잔무를 해야 하다 보니, 절대적으로 시간이 부족하다고 한다. 그런데 보라, 안철수와 공병호는 어땠는가.

🐂 🐂 🐂 🐂

이제 다른 사람에게 책 출간 목표를 선포하여, 책 쓰기의 배수진을 치자.

책을 잘 쓸 수 있는
습관을 만들라

"작가님 대단하세요. 작가님은 일단 책상에 앉으면 막힘없이 글을 쓴다고 하셨죠? 역시 프로라서 다르긴 다르네요. 전 막상 글을 쓰려고 책상에 앉아도 한 문장도 잘 써지지 않아요. 운 좋게 A4 한 장 정도 글을 쓰면 거기서 생각이 딱 정지가 되더라구요. 더는 진도가 안 나가 스트레스 때문에 담배만 뻑뻑 피기 일쑤에요."

모 기업체 교육 강사의 말이다. 유명 강사인 그는 일 년에 1억 이상을 버는데, 자신을 효과적으로 대중에게 알리고자 책을 쓰기로 했다. 그런데 문제는 그가 강의 자료를 준비하는 데에는 도가 텄지만, 책 원고를 쓰는 데에는 큰 어려움을 겪는다는 것이었다. 그분에게 말했다.

"강사님의 강의 자료와 블로그에 올린 글을 보면 글쓰기가 보통 수준 이상이라고 생각됩니다. 그런데 책 쓰기는 보통의 수준 이상이 요구되죠. 자신의 콘텐츠에 맞는 방대한 자료를 두루 섭렵하고 이를 바탕으로 적절한 제목과 내용을 뽑아내야 합니다. 이 과정에서 고도의 집중력과 창조성이 요구되지요. 이게 없으면 남의 글을 짜깁기한 것밖에 안 되니까요. 그래서 평소와 달리 몸과 마음을 잘 컨트롤해야 해요."

프로 작가들은 스케줄대로 원고를 집필하기 위해 자기 관리를 철저히 한다. 술자리와 저녁 약속, 그리고 시도 때도 없이 걸려 오는 전화에 선뜻 시간을 바치지 않는다. 또한, 정해진 시간에 책상에 앉았을 때 최고의 생산성을 발휘하기 위해 미리 예습을 한다. 책상에 앉아 있지는 않아도 항상 머릿속에는 쓰고 있는 글의 주제와 글감에 대해 고민한다. 이때 번뜩 떠오른 아이디어는 잘 메모해 두었다가 집필할 때 활용해 순발력 있게 글쓰기를 한다.

책 쓰기는 한두 달에 끝나지 않는다. 최소한 삼 개월에서 육 개월의 시간이 소요된다. 때문에 장기간 효율적으로 글쓰기를 하기 위한 습관을 만드는 게 필요하다. 사회생활로 흐트러지기 쉬운 생활 패턴을 다잡고 일정한 시간 규칙적으로 글쓰기를 할 수 있는 습관이 있어야 책 쓰기의 목표를 달성할 가능성이 높아진다.

책을 쓸 때 도움이 되는 두 가지 습관이 있는데 그중 첫 번째는 건

기다. 칸트, 니체, 키에르케고르, 소로우, 루소 등의 사상가들은 걷는 과정에서 아이디어를 얻는 것은 물론 규칙적인 생활 리듬을 유지했다. 마냥 책상에 앉아 담배를 피워 댄다고 해도 새로운 아이디어가 나올 가능성이 낮다. 오히려 걸을 때 뇌가 자극을 받게 되어 뇌 가동률을 높일 수 있다. 또한, 거의 매일 정해진 시간에 걷기를 하면 규칙적인 생활을 하게 되기 때문에 책 쓰기를 위한 시간을 최대한 확보할 수 있다.

루소는 걷기에 대해 이렇게 말했다.

"혼자서 걸으며 여행하던 때만큼 생각을 많이 하고 살아 있음을 강하게 느끼며 그토록 강렬한 경험을 한 적은 한 번도 없었다. 걷는 것에는 생각을 자극하고 생명력을 불어 넣는 뭔가가 있다. 한곳에 머물러 있을 때는 생각이 제대로 되지 않았다. 정신을 움직이게 하려면 육체가 움직여야 했다."

두 번째는, 10분 멍 때리기다. 멍 때리기는 근사한 말로 바꾸면 명상이라고 볼 수 있다. 명상, 대단하고 어려운 거로 볼 이유가 없다. 책상에 앉은 후 글쓰기에 들어가기 전은 누구나 초조해진다. 이때, 딱 10분간 명상을 하자. 머리를 텅 비우자는 말이다. 이게 쉽지 않은 분은 인터넷에서 빗소리, 개울물 소리 등 백색 소음이 나는 동영상을 틀어 놓고 눈을 감아 보자. 생각보다 쉽게 심신이 이완될 것이다. 이렇게 하고 나면, 쓰려고 했던 글을 막힘없이 술술 쓸 수 있다.

책을 잘 쓸 수 있는 비결은 간단하다. 책을 잘 쓸 수 있는 습관 두 가지를 지키면 된다.

책을 쓸 때 걷기와 명상을 습관화하여 규칙적으로 지키면 아이디어를 얻거나 글쓰기에 많은 도움이 된다.

책 쓰기의
롤모델을 벤치마킹하라

　어느 분야에서나 지망생이 흠모하는 롤모델이 있기 마련이다. 책 쓰기도 마찬가지다. 특히, 처음 책 쓰기에 도전하는 분들은 반드시 자신의 롤모델에 대해 생각해 보아야 한다. 유명 작가를 롤모델로 세우게 되면 글을 쓰는 것에 관련한 그의 생각이나 습관, 취향을 벤치마킹하려고 무진 노력하게 된다. 이렇게 하다 보면 글의 수준이 나도 모르는 새 확연히 달라져 있을 것이다.

　롤모델을 두는 것의 효과는 요즘 인문학 책으로 유명세를 떨치고 있는 이지성 작가의 이론에도 딱 맞아떨어진다. 그는 『꿈꾸는 다락방』에서 "생생하게(VIVID) 꿈꾸면(DREAM) 이루어진다(REALIZATION)."라는 'R=VD' 공식을 소개하고 있다. 이에 따르면, 구체적인 롤모델을 세우는 건 곧 자신이 그와 같은 인물이 되겠다고 생생하게 꿈꾸는 것과 매한

가지이고 결국 꿈을 실현시킬 수 있는 힘을 발휘한다고 말한다.

여기서는 작가가 되기 위한 여러분의 롤모델로서 한비야를 소개하고자 한다. 그녀는 독자를 가르치려 하지 않고 젊은 독자의 눈높이에 맞추어 진솔하게 대화하듯이 글쓰기를 한다. 그녀의 글에서는 유명 작가의 권위보다는 동네 언니 같은 푸근함이 전해진다. 잘나면 잘난 대로 모자라면 모자란 대로 자신의 모습을 과감히 보여 준다.

그녀는 이렇게 말한다.

"내가 말하는 투를 써야 독자들이 나를 느껴요. 독자들은 결국 글 쓴이의 오감을 빌려 호흡을 같이 하고 싶어 하는 거잖아요. 저는 제가 현장을 전하는 리포터에 가깝다고 생각해요. 긴급구호 현장을 본 사람이 없으니 어떻게든 전해야죠."

이는 『지도 밖으로 행군하라』에서 엿볼 수 있다. 문장이 옆에서 주고받는 대화 같지 않은가?

아직까지 나를 세계 일주 하는 사람으로 알고 있다면, 오지 여행가 한비야는 잊어주기 바란다. 이제 나는 긴급구호 요원으로 완전히 변했기 때문이다. 이렇게 얘기하면 많은 사람들이 "긴급구호가 뭐하는 거예요?" 하고 묻는다. 심지어는 "119구조대에 들어갔다면서요?" 하는 사람도 있다. 긴급구호는 한마디로 생명의 위협을 받고 있는 사람들을 신속히 살려내고 하루

빨리 일상으로 돌아갈 수 있도록 돕는 일이다. 병원으로 치자면 응급실쯤 되겠다.

한비야는 좋은 글쓰기를 위해 네 가지를 강조한다.

첫 번째는 '다록(多錄)'이다. 말 그대로 현장에서 그때그때 많이 적는 걸 말한다. 그녀가 일기장과 수첩에 적은 기록은 글쓰기를 더욱 풍성하게 하고 또 생동감 있게 만드는 데 일조한다.

두 번째는 총동원령이다. 그녀는 글을 쓰는 동안 온 정신과 에너지를 오로지 글쓰기에만 집중한다. 마감 전 날에는 거실에서 새우잠을 자면서 계속해서 원고 퇴고를 한다.

세 번째는 글쓰기 전과 후에 소리 내어 읽어보기다. 앞서 말했듯이 좋은 문장은 리듬이 있는 문장이다. 때문에 문장을 자꾸 소리 내어 읽다 보면, 잘 읽히는 운율이 생기게 된다.

네 번째는 마감시간 맞추기와 퇴고하기다. 그녀는 결코 마감에 쫓겨 허겁지겁 원고를 쓰는 일이 없다. 빈틈없이 준비하고 완벽을 기한다. 그녀는 글쓰기를 철공을 갈아 바늘을 만드는 과정이라고 했다. 그 정도로 장인 정신을 갖고 글쓰기에 완벽을 기하고 있다. 이를 잘 벤치마킹해 많은 사람들로부터 공감을 얻는 책을 써 보자.

한비야 외에도 이지성, 공병호 등 실용서 작가는 물론 최재천 동물행동학자, 정민 교수, 신경숙 소설가, 김훈 소설가를 롤모델로 삼을 만하다. 자신의 글쓰기에 맞는 롤모델을 정하는 게 중요하다. 이렇게 꾸준히 글을 쓰는 동안 롤모델과의 거리가 크게 좁혀진 걸 확인할 수 있을 것이다.

자신의 글쓰기에 맞는 롤모델을 정하여, 글을 쓰는 것에 관련한 그의 생각이나 습관, 취향을 벤치마킹하자.

책 쓰기 모델 1 :
에세이형

"처음 책을 쓰는 데 어떤 형식을 하면 좋을까요?"

이 질문에 대한 답은 간단하다. 책 쓰기의 형식이 크게 둘로 나뉘는데 그중 하나를 선택하면 된다. 첫 번째는 에세이형, 두 번째는 스토리텔링형이다. 전자는 이야기와 대화가 거의 없이 생각만을 죽 서술하는 형태를 말하고, 후자는 이야기와 대화가 주를 이룬 형태를 말한다.

우선 에세이형에 대해 알아보자. 자기계발서, 경제 경영, 재테크, 여행, 요리 등 실용적인 책의 기본은 에세이형이다. 일례로 요리 책의 경우, 메뉴 50여 가지가 나오고 그 요리법으로 이루어져 있다. 즉, 개념(소제목)과 그에 대한 설명으로 이루어지는 방식이 바로 에세이형이다. 이 유형의 책 가운데 대표적인 베스트셀러가 『끌리는 사람은 1%가 다르다』,

『이기는 습관』이다. 그 내용이 어떤지, 본문을 살펴보자.

직장에서 어떤 사람이 가장 미움을 받을까? 한 증권회사 직원 388명을 대상으로 설문조사한 결과에 따르면, 직장 상사들은 조그만 손해도 안 보려는 '개인주의자'들을 최악의 직원으로 꼽았다. 부하직원들 역시 책임은 지지 않고 공만 챙기려는 '얌체' 상사를 꼴불견 1위로 꼽았다. 내 수업을 듣는 학생들 역시 '자기 이익만 챙기는 얌체', '남에게 받기만 하고 베풀 줄 모르는 빈대 같은 사람'을 최악의 친구로 꼽았다.

우리는 왜 리언 사람들을 싫어할까? 인간관계나 거래의 기본인 '기브 앤 테이크(Give & Take)' 원칙을 어겼기 때문이다.

- '퍼주고 망한 장사 없다', 『끌리는 사람은 1%가 다르다』

일찍이 나폴레옹은 이렇게 말했다.

"오늘 나의 불행은 언젠가 내가 잘못 보낸 시간의 보복이다."

음미해볼수록 모골이 송연해지는 이야기다. 사람들은 자신의 불행에 대해 흔히 남보다 못한 환경을 탓하거나, 주변의 누군가의 방해와 잘못 때문이라고, 혹은 지독히도 운이 없어서 그렇다고 치부해버리는 습성이 있다. 그러나 자연의 법칙은 공평하다. 당신의 내일은 어제와 오늘 당신이 살아온 '결과물'이라 하겠다.

- '인생도 비즈니스도 셀프 마케팅이다', 『이기는 습관』

둘 다 책의 도입부다. 보시다시피 이야기나 대화가 없이 서술되어 있다. 본문도 거의 이와 같이 서술이 되었다. 둘 중 『이기는 습관』이 난이도가 상대적으로 높다. 이러한 형식은 자칫 지루하고 건조할 수 있지만, 매 단락을 연관된 소주제로써 깔끔하고 흥미롭게 정리하여 독자들이 집중해서 책을 읽을 수 있다. 처음 책 쓰는 분이 이렇게 쓰기 위해서는 자료 수집은 물론 문장에 많은 공을 들여야 할 것이다.

에세이형인 두 책의 성공 요인은 다양한 자기계발 지식, 흥미로운 경제 경영 지식을 잘 버무렸다는 데 있다. 이는 특히 『이기는 습관』에서 두드러지게 나타난다. 앞의 '인생도 비즈니스도 셀프 마케팅이다'의 경우, 도입부 앞에 명언 두 개를 제시했고 또한 경영의 신, 마스시타 고노스케의 '내가 성공한 이유 세 가지', 『키다리 아저씨의 셀프 마케팅』리뷰, 고승덕 변호사의 말을 본문에 잘 녹여놓았다. 대중식당 요리가 맛있는 이유는 요리에 적절한 양의 설탕이 들어갔기 때문이다. 이처럼 적절한 인용은 설탕처럼 에세이형 글을 맛깔나게 한다.

에세이형 형식의 책 쓰기는 자칫 지루하고 건조할 수 있지만, 매 단락을 연관된 소주제로써 깔끔하고 흥미롭게 정리하여 독자들이 집중해서 책을 읽을 수 있게 해준다.

책 쓰기 모델 2 :
스토리텔링형

앞서 '스토리텔링을 적극 활용하라'의 글을 통해, 스토리텔링의 장점을 밝힌 바 있다. 무엇보다 스토리텔링의 장점은 글을 읽는 독자에게 부담을 주지 않고 재미를 준다는 데 있다. 드라마와 영화, 그리고 게임에 매료되는 게 바로 스토리의 중독성 때문이다.

스토리를 책 쓰기에도 유용하게 활용할 수 있다. 소설이나 콩트 등 어떤 식이든 상관없이 자신이 쓰고자 하는 콘텐츠를 스토리화하면 더 많은 대중적 호응도를 얻을 수 있다. 콘텐츠를 스토리텔링으로 쓰는 주목적은 콘텐츠의 대중화에 있다. 이의 대표적인 사례인 『미움받을 용기』와 『워렌 버핏과 함께한 점심식사』를 예로 들어보자.

청년: 세상에! 선생님은, 아니, 아들러는 심리학의 대가라면서요?

철학자: 아들러 심리학은 트라우마를 명백히 부정하네. 이런 면이 굉장히 새롭고 획기적이지. 분명히 프로이트의 트라우마 이론은 흥미진진한 데가 있어. 마음의 상처(트라우마)가 현재의 불행을 일으킨다고 생각하지. 인생을 거대한 '이야기'라고 봤을 때, 그 이해하기 쉬운 인과법칙과 드라마틱한 전개는 사람들의 마음을 사로잡고 놓아주지 않는 매력이 있어. 하지만 아들러는 트라우마 이론을 부정하면서 이렇게 말했네. "어떠한 경험도 그 자체는 성공의 원인도 실패의 원인도 아니다. 우리는 경험을 통해서 받은 충격- 즉 트라우마-으로 고통받는 것이 아니라, 경험 안에서 목적에 맞는 수단을 찾아낸다. 경험에 의해 결정되는 것이 아니라, 경험에 부여한 의미에 따라 자신을 결정하는 것이다"라고.

- 『미움받을 용기』

"하지만 현실에서는 꼭 자신에게 맞는 일만 주어지는 게 아니잖아요?"

"그것이 현실이라는 건 인정하네. 하지만 생각해봐. 인생은 단 한 번뿐이야. 한 번뿐인 인생을 자신이 사랑하는 일로 가득 채워야 옳겠는가, 아니면 불가피하게 해야 하는 일로 채워야 옳겠는가? 자네도 알다시피 난 주식투자 분야에서 세계적인 명성을 얻었어. 하지만 내가 다른 분야에서도 이만한 성취를 얻으리라고는 생각하지 않네. 난 매일 아침 설레는 마음으로 눈을 뜨지. 내가 정말로 사랑하는 일이 나를 기다리고 있기 때문이야. 마치 수학여행을 가서 여장을 푼 뒤에 다음 날 눈을 뜰 때와 같은 심정일세.

이런 삶이란 얼마나 흥분되는 건가?"

－『워렌 버핏과 함께 한 점심식사』

    이 두 책의 공통점은 대화 형식으로 쓰였다는 점이다. 스토리텔링이라고 해서 소설 형식을 완벽하게 재현한 것이 아니라 최대한 대화 위주로 내용을 전개하는 것이다. 보다시피 읽는 부담이 없고 술술 잘 읽히지 않는가?

    스토리텔링형 책은 책의 주요 콘텐츠가 대화를 통해 전개되기 때문에 독자들에게 보다 효과적으로 내용을 전달할 수 있다.

    『미움받을 용기』의 저자 기시미 이치로는 책의 형식을 플라톤의 『대화』에서 차용했다고 밝혔다. 『대화』는 말 그대로 스승과 제자의 대화로 이루어진 철학 책이다. 그는 철학의 진중함을 버리고, 오로지 대화 전개 양식만을 자신의 책에 살렸다. 이는 두말할 나위 없이 아들러 심리학을 대중화하기 위한 고민의 산물이다.

스토리텔링형 책 쓰기는 주요 콘텐츠가 대화를 통해 전개되기 때문에 독자들에게 보다 효과적으로 내용을 전달할 수 있다.

책 쓰기 모델 3 :
에세이 + 스토리텔링형

스토리텔링은 재미를 장점으로 내세우는 반면에 전하고자 하는 메시지의 힘이 약해질 수도 있다. 이렇게 스토리텔링만으로 콘텐츠의 내용을 제대로 전달하기 힘들 때는 에세이와 스토리텔링이 결합된 방법을 활용하기도 한다. 하나의 이야기는 콘텐츠 전모를 보여 주는 게 아니라 콘텐츠의 가치를 집약적으로 보여 주기 때문이다.

영화 〈암살〉은 독립운동가의 항일 투쟁을 감동적으로 보여 준다. 이 영화 한 편으로 몇몇 독립운동가의 헌신적인 삶을 되돌아 볼 수 있다. 하지만 항일 독립운동 콘텐츠 전모에 대해서는 알 도리가 없다. 영화를 통해서는 항일 독립운동의 한 단면만을 접하게 되기 때문이다. 이렇듯, 영화의 장점이 있지만 영화는 콘텐츠 전모를 다루지 못한다는 단점이 있다. 콘텐츠 전모를 알기 위해서는 다큐멘터리가 필요하지 않을까?

에세이와 스토리텔링 형식을 결합한 방식은 배경과 사건의 전모에 대해 이야기하고 싶을 때 쓰인다. 대표적으로 『육일약국 갑시다』, 『부와 성공을 이루어주는 억만장자 이야기』를 예로 들 수 있다.

나는 어릴 때부터 호기심이 많은 편이었다. 천성인지 몰라도 지금까지도 주변의 일들에 관심을 기울이며 나 자신에게 '왜 그럴까?'라는 질문을 던지곤 한다.

(중략)

"약사님요. 이 콧구멍만한 약국에 뭐 볼게 있다고 이리 많은 전구를 설치하시는교? 여기 25개가 다 들어갈 수나 있을까 모르겠습니더. 전기세 억수로 나올텐데예."

형광등을 설치하는 기사는 도저히 이해를 못하겠다며 고개를 저었다. 그의 말이 아주 틀린 것도 아니었다. 25개의 형광등이 그 좁은 천정에 들어섰기 때문이다. 하지만 나는 잘 설치해달라며 웃었다.

그날 저녁 약국은 눈이 부셨다. (중략) 이웃 가게들과의 확실한 차별성이 생긴 것이다. 손님들의 반응도 폭발적이었다.

"와~ 쥑이네예. 약국 덕분에 동네가 환해졌다 안합니꺼."

"약사님요. 약국이 이리 환하니 왠지 시원하게 낫게 해줄 것 같습니더."

『육일약국 갑시다』는 전반적으로 에세이형에 스토리텔링이 추가된 책이다. 이처럼 생각을 먼저 쓰고 나서 그와 관련된 에피소드를 구수한 사투리로 보여 주고 있다. 이 책은 재미있는 에피소드가 많이 실려 있어 독자들이 웃으며 한 페이지 한 페이지를 넘길 수 있다. 또한 이 과정에서 저자의 삶과 마인드, 경영 철학을 배울 수 있다.

"제임스, 회사 생활은 어떤가? 요즘 진행하고 있는 업무는 무언가?"
"예, 저는 현재 금융 분야의 업무를 파악하고 있습니다. 그리고 GE가 금융 산업에서 더 성장하기 위한 구체적인 방향을 다음 주에 프레젠테이션을 하기 위해 준비하고 있습니다."
"그런가? 자네는 똑똑한 친구이니 잘 진행할 것이라 믿네. 그날은 나도 참석하겠네. 자네가 프레젠테이션에서 제시한 내용들을 들어보고 적극 수렴하겠네. 아, 그리고 이것을 참고하면 좋겠네."
잭 웰치 회장은 직원에게 메모 쪽지 한 장을 건넸다.
(중략)

『습관의 힘』이라는 책에서는 메모를 통해 목표를 꾸준히 점검하는 것이 얼마나 중요한지 알 수 있게 해 주는 한 가지 사례를 소개했다. 하버드대학교 졸업생들을 대상으로 조사해 본 것이다. 조사 결과 졸업생 가운데 80%가 구체적인 목표를 가지고 있지 않았고, 15%는 목표를 가지고 있지만 머리로만 그것을 계획하고 있었다. 그리고 5%만이 자신의 구체적인 목표를 메모해 놓고 꾸준히 확인하고 있었다. 얼마 후, 자신의 목표를 메모해 놓고 꾸준히 점검하던 5%의 학생들은 그 목표를 초과 달성했다.

『부와 성공을 이루어주는 억만장자 이야기』는 억만장자 50명의 에피소드 60% + 에세이 40%로 구성된 자기계발서다. 앞에서 보듯이, 잭 웰치의 메모 습관을 에세이로만 전달하면 지루할 수 있다. 따라서 한 편의 에피소드를 먼저 보여 주어 독자의 흥미를 끈 후, 그 주제에 대한 논평을 덧붙였다.

에세이 + 스토리텔링형 책은 시중에 수도 없이 많다. 책 쓰기에 도전하는 분은 그 가운데 모델이 될 만한 책을 선정한 후 반복해서 보고 또 밑줄을 그으며 연구하기 바란다. 그러는 동안 그 책과 유사한 형식으로 글을 쓰는 자신을 발견하게 될 것이다.

에세이와 스토리텔링 형식을 적절하게 결합한 책 쓰기는 흥미성, 대중성의 확보와 메시지의 전달력을 높여 주는 효과를 동시에 얻을 수 있다.

제6장

한 꼭지가 완성되면 책 쓰기는 일사천리

독자에게 처음부터 강렬한 인상을 주려면,
도입부에서 눈길을 잡아끌어야 한다.

– 스티븐 테일러 골즈베리(『글쓰기 로드맵 101』 저자)

장제목으로
독자를 유혹하라

책을 펼치면 머리말 다음에 차례가 나온다. 차례에서 눈에 가장 먼저 들어오는 게 장제목이다. 독자는 처음 책 제목을 보고 책에 관심을 갖는다. 그리고 책을 펼쳐 차례를 훑어본 후 차례를 통해 책 내용을 대강 짐작한다. 여기서 책에 호감을 갖게 된 독자는 한두 꼭지 정도 내용을 훑어 보고 내용이 마음에 들면 비로소 책을 구매한다.

인터넷 서점에서 책을 구매할 때도 마찬가지다. 제목을 보고, 책을 클릭해 차례를 읽어본 후 책을 구매한다. 이처럼 독자의 책 구매 결정에 있어 책의 차례가 상당히 중요하기 때문에 우선 장제목을 정하는 것에 신경을 써야 한다. 장제목은 어떤 식으로든지 독자의 이목을 사로잡아야 한다.

차례에서 독자의 이목을 사로잡지 못한다면 이는 책 구매로 연결되는 것이 거의 불가능하다. 때문에 책 전체 내용과 방향의 가이드라고 할 수 있는 차례는 독자에게 확실한 호감과 신뢰를 줄 수 있어야만 한다.

책에서 말하고자 하는 통합된 콘텐츠를 전개 내용이나 방향에 따라 나누고, 나누어진 각각의 내용에 적합한 제목을 붙인 것이 장제목이 된다. 이때 장제목은 콘텐츠를 잘 반영하면서도 개성 있어야 한다.

잘된 장제목의 예로 아래 세 가지를 살펴보자.

① 모든 선택에는 반드시 끌림이 있다_첫 만남 Starting Relationship
② 끌림을 유지하는 1%의 차이_관계의 발전 Developing Relationship
③ 끌리는 사람은 이렇게 관계를 유지한다_지속되는 만남 Staying Relationship

– 『끌리는 사람은 1%가 다르다』

① 긍정의 힘으로 비전을 품어라
② 열정과 도전정신 앞에 불가능은 없다
③ 좋은 습관과 원칙으로 성공하라
④ 상상과 창조로 변화를 시도하라
⑤ 소통과 배려로 더불어 살라

– 『부와 성공을 이루어주는 억만장자 이야기』

① 내 인생, 도대체 뭐가 문제인 걸까?

② 서른 살, 방어기제부터 점검해보라

③ 진정 내가 원하는 것은 무엇일까?

④ 내게도 다시 사랑이 올까?

⑤ 심리학이 서른 살에게 들려주고 싶은 이야기

– 『서른살이 심리학에게 묻다』

① 고객을 영업부장으로 만들어라

② 고객에 앞서 직원부터 감동시켜라

③ 이윤보다 사람을 남기는 장사를 하라

④ 나누고 베풀어라, 아버지의 유산

– 『육일약국 갑시다』

이는 장제목을 쓰는 데 참고할 만한 잘 쓰인 장제목의 예시들이다. 첫 번째 책은 '끌림'을 반복적으로 강조했고, 두 번째 책은 자기계발의 일반적인 키워드를 독자들이 공감할 수 있도록 잘 풀어냈으며, 세 번째 책은 '…까?'라는 질문 형식의 장제목으로 독자의 호기심을 자극하고 있다.

첫술에 배부를 수 없다. 우선 자신이 쓰는 책과 유사한 책의 차례를 많이 참고하라. 그 분야의 고전, 양서부터 최근 베스트셀러까지 모든 차례를 복사해 분석하다 보면 오로지 스스로 장제목을 쓰는 것에 도움이 될 것이다. 또한, 평소 신문 헤드라인, 광고 카피를 유심히 살펴보는 게 많은 도움이 된다. 책을 쓸 때는 우선 '예상 장제목'을 적어 놓고 원고가 완성된 후에도 유사 도서의 차례를 참고하면서 장제목을 고쳐 쓸 수 있으니 이 점 참고하길 바란다.

독자가 책의 구매를 결정하는 데 책의 차례가 상당히 중요하다. 차례에서 눈에 가장 먼저 들어오는 장제목은 독자의 이목을 사로잡을 수 있도록 콘텐츠를 잘 반영하면서도 개성이 있어야 한다.

소제목에
트렌드를 반영하라

"소제목은 어떻게 쓰죠?"

3개월여간 내게 문장 수업을 받은 분이 건넨 질문이다. 수업은 대체로 학생들이 자유 형식의 글을 A4 한 장에 적어 내게 보여 주면 검토해 주는 식으로 진행되었다. 비문과 좋지 않은 문장을 바로잡아 주고, 또 바른 문장의 예를 제시해 주는 과정을 반복했다. 그러자 수업 과정 동안 이분의 문장이 몰라보게 좋아졌다.

수업의 막바지에 이르러 이분은 자신의 이름을 걸고 책을 낼 수 있을 정도가 되었다. 이분은 이렇게 자신의 생각을 정확하게 문장으로 전달할 수 있는 능력을 갖게 되었지만 소제목을 정하는 과정에서 난관에 부딪혔다.

내가 이분에게 말했다.

"선생님이 쓰시는 책은 논문이나 보고서와 다릅니다. 논문, 보고서의 차례와 소제목은 개념을 군더더기 없이 정확하게 전달하는 데 주력해야 하죠. 하지만 일반인이 쓰는 자기계발서, 실용서, 경제 경영서, 재테크 책은 좀 더 감각적으로 써야 합니다. 이를 위해 유사 도서의 좋은 소제목을 많이 보는 게 도움이 되죠."

여기서 유념해야 할 게 있다. 보통 소제목을 정하는 과정은 예상 소제목을 정하고 본문을 완성시키면 예상 소제목을 수정 보완하는 순서로 흘러간다. 이때 예상 소제목을 정하는 과정에서 시장 조사 없이 소제목을 쓰는 경우가 많다. 이런 경우 트렌드와 동떨어지게 되고, 또 독자의 니즈와도 거리가 멀어진다.

때문에 예상 소제목을 선정할 때 베스트셀러의 차례와 트렌드를 반영해야 한다. 2015년 최고 베스트셀러인 『미움받을 용기』의 소제목에는 트라우마, 열등감, 용기, 자기 긍정, 인간관계 등의 단어가 두드러진다. 이는 요즘 대중들이 이런 키워드에 많은 관심을 갖고 있다는 점을 시사하기도 한다. 따라서 이 단어를 활용한 예상 소제목을 정하고 그 방향에 맞추어 글을 완성하고 나서 다시 소제목을 수정 보완하는 게 필요하다. 가능하면, 트라우마, 열등감, 용기, 자기 긍정, 인간관계 등의 단어를 골고루 넣어 소제목을 쓰는 것이 좋다. 트렌드를 반영하면 책과 독자와의 공감대의 폭이 훨씬 넓어지게 된다.

이해를 돕기 위해 예를 들어보자.

A 유형

① 명상으로 내면 다독이기

② 오늘 여기서 자유롭기

③ 행복은 가까이에 있다

④ 에고의 감옥을 벗어나기

⑤ 진정한 힐링을 찾아서

B 유형

① 명상으로 내면 다독이기

② 트라우마를 흘려보내기

③ 용기 있는 자가 행복하다

④ 열등감의 감옥에서 벗어나기

⑤ 자기 긍정이 곧 힐링이다

A 유형과 B 유형 중 네 개의 꼭지는 사실 똑같은 콘텐츠이다. 소제목만 다를 뿐이다. 그런데 A 유형의 소제목은 누가 봐도 식상하고 우리와는 아무런 관련이 없어 보인다. 이에 비해 B 유형의 소제목은 눈에 확 들어온다. 『미움받을 용기』를 읽은 독자에게 익숙한 키워드가 보일

뿐만 아니라 요즘 독자들의 관심사와도 부합한다. 트라우마, 용기, 열등 감, 자기 긍정이라는 단어를 접한 독자들은 이 소제목이 적힌 책을 쉽게 지나치지 못할 것이다.

혜민 스님의 『멈추면, 비로소 보이는 것들』도 마찬가지다. 〈1강. 휴식의 장〉의 소제목은 '힘들면 한숨 쉬었다 가요', '지금, 나는 왜 바쁜가'이다. 요란한 성공학에 식상해하고 미래가 불투명한 대중에게 필요한 게 바로 멈춤, 휴식, 비움이라는 점을 잘 알아채 내 소제목에 반영하였다. 그래서 이 책은 베스트셀러가 되었다.

🐄 🐄 🐄 🐄

소제목은 트렌드를 반영하여 대중이 관심을 가질 만한 키워드를 골고루 넣어 만든다. 이로써 책과 독자와의 공감대의 폭을 훨씬 넓힐 수 있다.

인상적인 도입부로
시선을 사로잡아라

사람의 첫인상처럼 글은 도입부가 매우 중요하다. 사람을 판단할 때, 아무리 외모보다 내면을 중시한다고 해도 어쩔 수 없이 첫인상은 가장 먼저 보이는 외모로 결정된다. 마찬가지로 글의 도입부는 외모의 역할을 하기 때문에 각별히 신경을 써야 한다. 도입부를 통해 본격적으로 콘텐츠를 소개하기에 앞서 독자의 흥미를 끌고 책의 매력을 어필해야 한다.

에세이형과 에세이＋스토리텔링형 책의 도입부는 본론을 어느 정도 정리한 후 쓰는 게 좋다. 도입에 활용할 수 있는 건 많다. 이솝우화, 탈무드, 고사성어 이야기, 역사적 에피소드, 책 인용, 유명 인사의 명언, 시사 이야기, 지인과의 대화(에피소드), 주변의 에피소드, 광고나 영화, 드라마 등이 있다. 이를 통해 독자의 관심을 자연스럽게 본문까지 이어지게 할 수 있다. 대표적인 예를 몇 개 들어보자.

ⓐ 여러 사병들이 커다란 통나무를 힘들게 낑낑대며 옮기고 있었다. 그런데 상사 한 명은 그 옆에 서서 고함만 지르고 있었다. 이때 말을 타고 가던 한 신사가 물었다.

"상사님, 당신은 왜 함께 통나무를 운반하지 않습니까?"

이 물음에 상사는 "나는 이 사병들을 감독하는 상사니까요."라고 대답했다. 신사는 말없이 말에서 내리더니 웃옷을 벗고 사병들과 함께 열심히 통나무를 나르기 시작했다. 일이 끝나자 그는 서둘러 가던 길을 재촉하며 이렇게 말했다.

"상사! 앞으로 통나무를 나를 일이 있으면 총사령관을 부르게!"

병사들은 그제야 자기들과 함께 통나무를 나른 신사가 미군의 총사령관 워싱턴 장군임을 알았다.

– 고객을 향해 움직이는 '동사형 조직'으로 변신하라, 『이기는 습관』

ⓑ "부엌 싱크대에서 과자를 조금 훔쳐 내오고, 냉장고에서는 요구르트 한 병을, 또 지하실에서 사과 두 개와 딸기 주스 한 병도 꺼내놨다. 먹을 것도 있어야겠다는 생각에서 준비한 그것들을 모두 구두 상자에 넣어가지고 일요일 오후에 한 나뭇가지 위에 숨겨두었다."

– 함께 밥먹고 싶은 사람이 되라, 『끌리는 사람은 1%가 다르다』

ⓒ 우리 주변의 개미를 보면 모두 열심히 일하는 것처럼 보인다. 실제로도 그럴까? 이탈리아의 경제학자 빌프레도 파레토에 따르면 결코 그렇지 않다. 그의 말에 따르면 열심히 일하는 개미는 20%에 불과하고, 나머지 80%는 일하지 않는 개미라고 한다. 이런 연구를 토대로 열심히 일하는 20%가 나머지 80%를 먹여살린다는 의미에서 만들어진 것이 '20:80 법칙'이다.

– 큰 덩치를 잡아라, 『5%는 불가능해도 30%는 가능하다』

ⓐ는 고객 지향의 실행력을 갖춘 조직이라는 주제의 내용을 쓰기에 앞서 솔선수범하는 리더의 사례를 보여 주었다. 이 도입부는 미국 초대 대통령 조지 워싱턴의 에피소드를 통해 조직이 실행력을 갖추기 위해서는 무엇보다 리더가 앞장서서 실행해야 한다는 점을 잘 보여 주고 있다.

ⓑ는 사람들이 음식을 대접받거나 함께 식사를 하게 되면 상대방에 대한 호감이 커진다는 '오찬 효과'를 설명하기 위해 소설의 한 부분을 인용했다.

ⓒ에서는 기업은 반드시 큰 성과를 내야 한다는 내용을 설명하기에 앞서 널리 회자되는 법칙을 소개했다. 도입부를 통해 파레토 법칙을 알게 된 독자들은 본문 내용에도 관심을 갖게 될 것이다. 이처럼 흥미로운 법칙(효과, 이론, 현상)이 많이 있다. 리비히 법칙, 하인리히 법칙, 플라세보 효과, 피그말리온(로젠탈) 효과, 1만 시간의 법칙(말콤 드레드웰) 등이

있다. 이런 법칙을 짧은 에피소드로 풀어서 소개하면 본문의 콘텐츠에 대한 독자의 호기심과 신뢰감을 형성하는 데 도움이 된다. 그래서 독자들이 본문의 주장에 대한 신뢰를 가질 수 있게 된다.

『이기는 습관』과 『끌리는 사람은 1%가 다르다』의 경우 도입부 앞에 명언을 추가했다. 크게 보면 이 명언도 도입부의 한 부분으로 볼 수 있다. 특히, 『이기는 습관』에는 명언이 두 개나 소개되었다. 베스트셀러를 만들기 위해선 도입부에 각별히 신경 써야 한다는 점을 꼭 기억하자.

글의 도입부는 본격적으로 콘텐츠를 소개하기에 앞서 독자의 흥미를 끌고 책의 매력을 어필해야 한다.

본문은
설득이 생명이다

　도입부와 결말을 뺀 나머지가 본문이다. 실질적으로 책에서 보여 주고자 하는 콘텐츠의 핵심은 본론에 포함되어 있다. 크게 보면, 본론을 서론-본론-결론 3단 구성의 하나로 보거나 기-승-전-결 4단 구성의 하나로 보기도 한다. 책을 쓸 때, 책의 구성을 고려하여 자연스럽게 이야기를 전개시켜야 독자로부터 신뢰와 호감을 얻을 수 있다.

　본론을 쓰는 방식으로 딱 정해진 것은 없다. 본문 쓰기의 가장 효과적인 방법은 자신이 좋아하는 책, 롤모델로 삼은 책을 밑줄을 그어 가며 반복해서 보는 거다. 이 과정에서 본문을 쓰는 데 요령이 생길 것이다.

　좀 더 본문 쓰기에 자신감을 얻고자 한다면, 샘플 여러 개를 통째로 옮겨 적으면서 구조를 잘 분석해 보자. 서너 개 정도의 유형을 기억해

두면 이를 활용해 본론 쓰기를 여러 방식으로 서술할 수 있다.

　메이저리그에서 뛰고 있는 추신수와 강정호, 참 대단한 실력을 보이고 있다. 이 둘은 어떻게 해서 높은 기량을 선보일 수 있는 걸까? 간단하다. 수없이 배트를 휘두르며 땀 흘려 연습을 하는 거다. 이처럼 본론 쓰기를 마스터하고자 한다면, 책 쓰기의 롤모델로 삼을 만한 다음 책의 샘플을 여러 번 읽고 또 필사를 해 보자.

〈에세이형〉

『이기는 습관』 (전옥표, 쌤앤파커스)

『끌리는 사람은 1%가 다르다』 (이민규, 더난)

『서른살이 심리학에게 묻다』 (김혜남, 갤리온)

『프랜차이즈 창업, 고수는 어떻게 성공하는가』 (안치헌, 한스미디어)

『5%는 불가능해도 30%는 가능하다』 (김쌍수, 한스미디어)

〈에세이+스토리텔링형〉

『육일약국 갑시다』 (김성오, 21세기북스)

『부와 성공을 이루어주는 억만장자 이야기』 (고수유, 이룸터북스)

『생각대로 살지 않으면 사는 대로 생각하게 된다』 (은지성, 황소북스)

『법정 스님으로부터 무소유를 읽다』 (고수유, 사이다)

　본론은 책을 쓴 저자가 독자를 설득하기 위해 존재한다. 본론에서 독자를 설득하지 못한다면 책 쓰기는 무의미하다. 때문에 본문에서 독자를 설득시키는 기술을 알고 있어야 한다. 『설득의 심리학』에서는 아래의 여섯 가지 원칙을 소개하고 있다.

① 상호성의 원칙: 샘플을 받아 본 상품은 구매율이 높다.
② 일관성의 원칙: 고객은 자신이 선택한 상품과 서비스가 최고라고 믿고 싶어 한다.
③ 사회적 증거의 원칙: 많이 팔렸다고 알려지면 더 많이 팔린다.
④ 호감의 원칙: 세련된 디자인의 상품이 잘 팔릴 가능성이 높다.
⑤ 권위의 원칙: 유명한 상을 받거나 언론사에서 추천받은 상품이 더 잘 팔린다.
⑥ 희소성의 원칙: '한정 판매', '백화점 세일 마지막 날'이라고 하면 상품이 더 잘 팔린다.

이 여섯 가지는 매우 활용도가 높다.

②번의 경우, 책을 구매한 고객들에게 그 선택이 최고였음을 언급할 수 있다. ③, ④, ⑤번의 경우 주장의 근거를 들 때 활용할 수 있다. 예를 들어, '나는 전망 있는 벤처 기업인이다.'라는 주장을 펼친다고 하자. 그러면 이에 대한 근거로 ③번의 경우 이미 많은 분들이 그렇게 인정하고 있다는 걸 보여 줄 수 있고, ④번의 경우 자신의 잘생긴 얼굴 사진을 올려놓을 수 있으며, ⑤번의 경우 유수의 기관으로부터 공인받았

다는 사실을 언급할 수 있다.

　더 자세한 건 『설득의 심리학』을 참고하기 바란다.

본론은 독자를 설득할 수 있어야 한다. 이를 위해 본문 쓰기의 가장 효과적인 방법과 독자를 설득시키는 데 필요한 요령을 익히자.

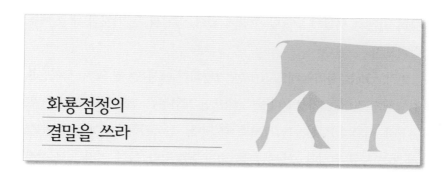

화룡점정의
결말을 쓰라

스토리든 논문이든, 비즈니스 책이든 자기계발서든, 모두에는 결론이 있다. 영화 〈암살〉을 예로 들어 보자. 이 영화의 결말은 해방 후 독립투사가 염석진을 저격하는 장면이다. 이로써 독립투사의 극일 정신을 화룡점정으로 잘 보여 준다. 만약, 이 영화에서 이 장면이 없었다고 생각해 보라. 얼마나 감동이 줄어들 건가?

비즈니스 책과 자기계발서에는 임팩트 있는 결말이 있어야 감동을 주고 설득을 이끌어 낼 수 있다. 물론 짧은 글의 경우 본론으로 끝날 수 있다. 원고지 10여 매의 글이 그렇다. 하지만 원고지가 20여 매 넘어가는 글에는 결론이 반드시 있어야 한다. 이를 잘 보여 주는 책이 『이기는 습관』이다. 한 꼭지가 원고지 30여 매 되는 긴 글이기 때문에 특히 결론의 역할이 중요할 수밖에 없다. 여기서 두 가지의 책을 예로 살펴보자.

먼저, 『5%는 불가능해도 30%는 가능하다』에서 맨 첫 꼭지 '5%는 불가능해도 30%는 가능하다'를 살펴보면 도입부는 질문으로 시작한 후, 본문에 저자의 LG전자의 TDR과 6시그마, 한국전력의 TDR을 통해 실제 30% 목표 달성이 가능했음을 보여 주고 있다. 특히, 저자는 LG전자 부회장과 한국 전력 사장을 역임한 경력을 바탕으로 이를 실증적으로 입증하고 있다. 지금의 LG전자의 백색가전 르네상스 또한 30% 매출 목표를 잡았기에 가능했다고 밝히고 있다. 이렇게 해서 본문이 끝난다. 이대로 끝나면 임팩트 있는 글이라고 볼 수 없다.

여기에 결론을 덧붙여야 하는데, 다음과 같다. 본론을 정리하고 또 명언을 인용하면서 주장을 강조하고 있다.

목표를 5%로 잡고 7% 달성에 만족할 것인가? 아니면 30%의 목표를 잡고 25%를 달성할 것인가? 이 물음에 대한 답은 이미 나왔다. 세계적인 동기부여의 대가 지그 지글러는 "목표는 커야 한다. 작은 목표는 작은 성취감만 느끼게 할 뿐이다. 목표가 커야 성취감도 크고 자신의 능력을 극대화할 수 있다."라고 말했다. 그러므로 도전적인 목표만이 타성에 젖은 조직문화를 타파하고 혁신에 드라이브를 걸게 한다는 것을 언제나 명심할 필요가 있다.

다음, 『프랜차이즈 창업, 고수는 어떻게 성공하는가』를 보자. 이 책의 '프랜차이즈라는 사과나무를 키우는 법칙'을 보면 이렇다. 도입부에 리비히 법칙(최소량의 법칙)으로 책의 방향을 제시하고 본문에서 프랜차이즈 본사의 10가지 기능과 가맹점의 10가지 성공 요소를 소개했다. 그리고 성공 요소가 본사와 가맹점에 충족되어야 함을 피력했다. 이렇게 해서 쓰인 원고지가 15매 가량이며, 더는 쓸 내용이 없다.

그런데 여기서 이대로 끝내 버리면 본문의 핵심이 강렬하게 전달되지 못한다. 본문의 핵심에 대한 정리가 되지 않았기 때문이다. 따라서, 결론에 본문 내용을 요약 강조해 줄 필요가 있다. 다음의 결말을 보자.

아무리 좋은 브랜드에 화려한 본사 대표의 경력과 막대한 자본금을 가졌다 해도 프랜차이즈가 무작정 황금알을 낳는 거위가 될 순 없다. 하지만, 역으로 이름 없는 브랜드에 이름 없는 경영자에 초라한 자본이라도 해도 성공할 수 있다. 그 비결은 뭘까? 최소량의 법칙에 의거해, 본사의 핵심적인 기능 10가지와 가맹점주의 성공 요소 10가지가 하나도 빠짐없이 유기적으로 잘 작동하는 것이다. 이를 바탕으로 프랜차이즈는 달콤한 사과를 무수히 맺는 우람한 나무로 성장할 수 있다.

화룡정점이라는 말을 잘 알고 있을 것이다. 결말 쓰기는 용 그림의 눈에 눈동자를 그려 주는 것과 같다. 결코 간과해서는 안 되며, 본문을 완성하면 인상 깊은 결말을 쓰는 것에 공을 들여야 한다. 결론에는 본문 내용을 정리하고 강조하는 내용이 들어가기도 하는데, 이때 유명 인사의 명언을 인용하는 것도 좋은 방법이다.

결말에서 독자에게 강렬한 인상을 남길 수 있어야 한다. 결말이 인상적이고 여운이 남는 책이 독자에게 오래 사랑받는다.

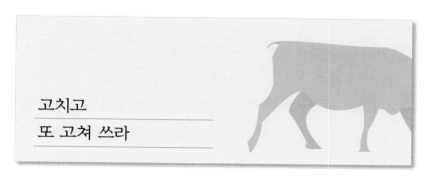

고치고
또 고쳐 쓰라

　"〈암살〉은 오래 고민하고 시나리오를 수십 번 고쳐 가며 쓴 영화다. 나에게도 또 하나의 전환점이 될 것 같다."

　천만 관객을 돌파한 〈암살〉의 최동훈 감독의 말이다. 고쳐 쓰기는 아무리 강조해도 지나치지 않는다. 1990년대 말, 백만 명 관객 몰이를 한 〈접속〉의 시나리오는 무려 25번이나 고쳐 썼다고 한다. 2000년대 초, 칸국제영화제 심사위원 대상을 수상한 〈올드 보이〉 또한 충격적인 반전을 위해 수십 번 고쳐 썼다. 이렇듯 시나리오뿐만 아니라 글의 완성도를 높이기 위해서 부단히 고쳐 써야 함을 잊지 말자.

　헤밍웨이는 말했다.

　"모든 초고는 걸레다."

　조지 버나드 쇼는 자신이 밤새워 쓴 원고를 본 아내가 혹평을 하자 이렇게 말했다.

"맞아, 하지만 일곱 번 교정한 다음에는 완전히 달라져 있을 거라고."

정민 교수 또한 고쳐 쓰기에 각별히 신경을 쓰고 있다. 직접 자신이 퇴고를 하는 건 물론 부인에게 낭독을 시킨 후 다시 퇴고를 한다고 한다. 이렇게 해서 탄생한 그의 글이니까 과연 절차탁마가 될 수밖에 없는 것이다.

나는 비즈니스와 실용서, 자기계발서를 비롯해 학술 논문과 박사 학위 논문, 시와 소설 등을 다양하게 써 왔다. 이 경험을 통해서 깨달은 건 많이 고쳐 쓴 글이 어떻게든 훨씬 더 좋다는 점이다. 습작기에는 문장 하나를 완벽하게 쓰기 위해 여러 시간을 매달려야 했고, 또 프로급이 된 후에는 내용의 완성도와 콘텐츠의 가치를 높이기 위해 고쳐 쓰기를 해 왔다. 이 과정에서 중점적으로 고쳐 쓰기를 했던 것은 다음 세 가지로 요약된다.

첫 번째는 차례 수정이다. 처음 책을 쓸 때 안내판 역할을 하는 예상 차례가 있다. 하지만 이는 절대적인 게 아니다. 집필에 들어가기 전과 집필에 들어 간 후 사이에는 많은 차이가 있다. 전자는 책 집필에 필요한 관련 자료들에 대한 숙지가 부족한 상태이고, 후자는 자료 내용을 완벽하게 숙지한 상태라고 볼 수 있다. 따라서 집필을 하는 과정에서 차례를 수정하는 일이 많다. 이 과정에서 새로운 꼭지의 소제목이 생기기도 하고 또 삭제되기도 한다.

두 번째는 문장 고쳐 쓰기다. 글을 쓸 때 간혹 좋지 않은 컨디션에서 쓴 문장이 리듬이 살아나지 않거나, 문장이 매끄럽게 흐르지 않는 경우가 있다. 이를 원고를 읽어 가면서 잡아내어 바른 문장으로 고치기도 한다.

세 번째는 더 좋은 콘텐츠 보강이다. 그 자체로 아무런 하자가 없는 글이지만, 목표가 있는 사람에게는 욕심이 생기기 마련이다. 본문에서 더 참신한 예를 찾아 넣는 일은 비일비재하다. 콘텐츠를 보강하여 책의 수준을 높여 갈수록 저자의 가치와 평가 역시 함께 올라갈 것이다.

스티브 잡스가 애플 컴퓨터를 제작할 때다. 그는 보이지 않는 컴퓨터 내부까지 세심하게 배려해, 회로 모양을 보기 좋게 만들게 했다. 이렇듯 하나에서 열까지 모두 완벽을 지향하는 장인의식을 가졌기에 그는 세계적인 IT 황제가 될 수 있었다. 장인의식을 갖고 글 고치는 일에 결코 인색해서는 안 된다.

내용의 완성도와 콘텐츠의 가치를 높이기 위해서는 결코 고쳐 쓰기를 게을리해서는 안 된다.

타인에게 읽혀 보고
묵혀 둬라

사람들은 아침마다 거울을 본다. 거울을 통해 자신의 외모를 점검하기 위해서다. 거울은 거울에 비친 이의 실제 모습 그대로를 비춰 준다. 이를 보고 사람들은 머리를 매만지고 옷매무시를 다듬고, 또 기분을 상기시키기 위해 살짝 미소를 지어보이기도 한다.

글쓰기에도 이런 거울이 필요하다.

누구나 혼자 오랜 시간 글을 쓰다 보면 자신의 관점에 매몰되어 크고 작은 오류를 범하기 십상이다. 또한, 원고가 완성되었다면 원고의 완성도가 어느 정도인지를 알 길이 없다. 때문에 거울 역할을 하는 타인에게 원고를 읽혀 보는 게 필요하다. 친구, 가족, 직장 동료 등 주변의 지인들에게 원고의 독자가 되어 평가해 달라고 해 보자. 이 과정에서 타인은 거울처럼 미처 자각하지 못한 원고의 오류를 짚어 주고 또한 독자 입장에서 책에 대한 평가를 해 줄 것이다.

타인에게 원고를 읽어 보게 하는 데에는 두 가지 이유가 있다.

첫 번째는 원고의 완성도를 체크하는 차원에서다. 이는 글을 어느 정도 볼 줄 아는 사람에게 부탁하는 것이 좋다. 나 역시 원고를 쓰는 도중 막히거나 방향 혼선을 겪을 때면 지인이나 출판사 편집자에게 원고를 읽어봐 달라고 부탁한다. 그러면 좋은 답을 얻을 수 있다.

"페이지가 잘 넘어가지 않으니까 좀 더 말랑말랑하게 써야 되겠어요."
"이런 식으로 계속 나가도 좋습니다."
"처음부터 다시 시작하는 게 어떨까요?"

이를 계기로 심기일전하고 처음부터 다시 글쓰기를 시작하는 경우도 있다. 이렇듯 타인에게 읽혀 보기는 혼자 끙끙대면서 시간을 낭비하거나, 최악의 경우 원고 상당 분량을 다시 쓰는 일이 생기는 일을 방지해 준다.

두 번째는 마케팅 차원에서다. 이는 출판사에서 책의 타깃 독자에게 원고에 대한 모니터링을 부탁하는 것이다. 출간 이후 상업적 측면을 고려한 것이다. 물론 저자도 자체적으로 해 볼 수 있다. 강사나 컨설턴트의 경우 주요 청중과 고객에게 자신의 원고를 읽어봐 달라고 함으로써 시장에서의 가능성을 가늠해 볼 수 있다.

이와 함께 잊지 말아야 할 건 '오래 묵혀 두기'다.

글은 공장에서 만들어지는 상품과 다르다. 상품은 정해진 매뉴얼대로 정해진 시간에 뚝딱 만들어지지만, 글은 다르다. 일단 탈고한 원고는 또다시 여러 차례 퇴고의 과정을 겪는다. 무수한 퇴고 끝에 기진맥진할 무렵 이제 다됐다 하는 생각이 들 때가 있다. 이때 비로소 한 편의 원고가 완성된 거다. 그러면 이대로 출판사에 보내 책으로 만들면 되지 않을까? 더는 원고를 고쳐 쓸 필요가 없을까?

아니다.

저자는 이제 원고와 거리를 두는 시간이 필요하다. 원고를 다시 들쳐 보지 말고 수개월에서 1년여 정도 묵혀 보자. 시간이 흐름에 따라 원고에 대한 생각이 사라져 갈 것이다. 그러나 저자의 무의식속에서는 원고에 대한 수정 보완 작업이 계속 진행된다. 원고와 거리를 두는 과정에서 새로 얻은 지식과 정보에서 원고를 수정 보완할 만한 아이디어를 얻게 된다.

이렇게 일정 기간 원고를 묵혀 두었다가 다시 꺼내 읽노라면 번뜩번뜩 머릿속에서 불이 반짝인다. 전에는 보지 못했던 오류가 눈에 들어와 고칠 수도 있고, 새롭게 내용을 수정 보완할 수도 있다.

'타인에게 원고 읽혀 보기'와 '원고 오래 묵혀 두기'가 책 쓰기의 최종

단계이다. 책 쓰기에서 이 이상 더 필요한 게 없다. 좋은 평가를 받으면서도 베스트셀러가 되는 책을 내는 건 세상의 모든 저자의 바람이다. 당신도 예외가 아니라면, 이 두 가지를 마지막으로 꼭 챙기길 바란다.

원고의 완성도를 위해 최종적으로 '타인에게 원고 읽혀 보기'와 '원고 오래 묵혀 두기'의 과정을 꼭 거치자.

제7장

책을 냈으면 베스트셀러를 만들라

처음엔 수십 개의 출판사에서 원고를 퇴짜맞았지만
저는 꿈을 꾸는 것을 멈추지 않았습니다.

– 이지성(자기계발서 저자)

많은 인맥이
베스트셀러를 보장한다

같은 소재의 책을 두 저자가 출판하고 싶어 한다. 저자 A는 그 분야에 대한 전문적인 연구 경력을 갖고 있고, 저자 B는 그 분야에 대한 연구 경력이 거의 없다. 책 외적인 면도 보자. 저자 A는 대중에게 전혀 알려지지 않았고 또 인맥이 적지만, 저자 B는 기업 강사로 활동해 왔기에 대중에게 상당히 많이 알려져 있고, 또한 교류하는 강사와 기업 간부, 직장인 수가 만여 명에 이른다. 그렇다면 출판사에서는 어느 저자를 모셔갈까?

뻔하다. B 저자다.

이 저자를 내세워 책을 내면 판매율이 매우 높기 때문이다. 사실, 책 출간 결정에 있어 콘텐츠 못지 않게 중요한 고려사항이 예상 판매 부수이다. 많은 판매 부수가 보장되지 않는 책을 선뜻 출판해 줄 출판사는 없을 뿐더러 출간을 하더라도 책 판매가 저조할 경우 저자의 이름값에도 심각한 타격을 입힌다. 판매 부수를 예측할 때 중요하게 고려되는 게 저자의 인맥 파워다.

특히, 이는 내가 다년간 기업인 및 강사, 컨설턴트를 대상으로 출판 기획자로 활동하면서 현장에서 절실히 느끼고 있는 점이다. 좋은 콘텐츠를 갖고 있더라도 저자의 인맥 파워가 떨어지면 유명 출판사와 계약 체결이 쉽지 않다. 반면, 좋은 콘텐츠에 저자 인맥 파워까지 좋은 경우는 유명 출판사와 계약 체결할 확률이 높다. 때문에 책의 저자가 되고 싶다면 인맥 관리에 많은 노력을 아끼지 말아야 한다.

『대한민국 2030, 경력테크에 미쳐라』의 저자 팻 스쿠다모어는 인맥을 이렇게 말한다.

"인맥이란 당신이 맺어 온 인간관계가 사슬처럼 이어져 서로의 경력을 발전시키는 요소를 말한다."

이와 함께 그는 인맥을 크게 네 가지로 구분한다. 첫 번째는 일자리를 위한 인맥인데, 이를 통해 고용 기회에 접근하는 데 도움을 받을 수 있다. 두 번째는 승진을 위한 인맥으로 좁은 기회를 보다 넓히는 데 도움을 받을 수 있다. 세 번째는 정보를 위한 인맥인데, 이를 지식은행으로 활용할 수 있다. 네 번째는 비즈니스를 위한 인맥인데, 이를 통해 직간접적으로 비즈니스에 도움을 주고받을 수 있다.

이러한 인맥을 만들고 관리하기 위해서는 어떻게 해야 할까? 이에 대해서는 '인맥의 왕'이라 불리는 박희영 카네기 총동문회 회장의 '인맥 관리 원칙과 노하우'를 참고하자. 3만여 명의 네트워크를 가지고 있는 그는 자신의 핸드폰에는 1만여 명의 전화번호가 등록되어 있고, 또한 하루에만 2,000여 명과 카톡으로 대화를 주고받는다고 한다. 그는 항상 사람을 대할 때 '미인대칭 비비불' 원칙을 지킨다고 한다. 이는 '미소짓고, 인사하고, 대화하고, 칭찬하라. 비난하기보다는 칭찬을, 비판하기보다는 이해를, 불평하기보다는 협조하라.'이다.

그의 인맥 관리의 노하우는 두 가지이다.

① 123법칙

입이 하나이기 때문에 한 번 말하고 귀가 두 개이니까 두 번 듣고 세 번 맞장구를 쳐라.

② 70 대 30 법칙

시간과 노력의 70%를 타인을 돕고 봉사하는 데 쓰고, 나머지 30%를 자신과 가족 및 사업을 위해 쓰라.

이제는 SNS로 쉽게 인맥을 넓힐 수 있는 시대다. 책의 저자는 양질의 콘텐츠를 만드는 노력 못지않게 페이스북, 카카오톡 등에서 출발해 오프라인의 다양한 모임에 참석하여 인맥을 넓히는 데 결코 인색하지 말아야 한다. 많은 인맥이 곧 베스트셀러를 보장하기 때문이다.

책의 저자가 되고 싶다면 인맥 관리에 노력을 아끼지 말라. 많은 인맥이 곧 베스트 셀러를 보장하기 때문이다.

뜨겁게 노출하고,
널리 알려라

『지대넓얕』(채사장)

『나는 꼼수다』(김어준)

『우리가 사랑한 소설들 : 빨간책방에서 함께 읽고 나눈 이야기』(이동진, 김중혁)

뜨거운 화제를 불러일으켰던 이 책들 중에서도 『지대넓얕』은 종합 베스트셀러다. 이 책들이 갖고 있는 콘텐츠의 공통점은 무엇일까? 바로 요즘 가장 핫한 팟캐스트의 콘텐츠가 기반이 됐다는 점이다. 앞의 세 책을 쓴 저자는 팟캐스트에서 이미 유명 인사이며, 이들이 운영하는 프로그램은 많은 수의 구독 회원을 보유하고 있다. 이처럼 자신만의 미디어를 통해 네티즌에게 뜨겁게 자신을 노출해 이름을 알린 저자는 책을 출판했을 때 많은 부수가 팔릴 수밖에 없다.

'지적 대화를 위한 넓고 얕은 지식'은 누적 다운로드가 300만 개이며, 한 프로그램당 8만여 명이 청취한다고 한다. 요즘은 책 출판을 염두에 두고 팟캐스트가 기획 운영되고 있지만, 초창기에는 그렇지 않았다. 저자는 채널 예스에서 이렇게 말한다.

"팟캐스트는 작년 4월에 시작했어요. 같이 일하는 사람 중에 독특한 사람이 있어서 재미로 해 봤어요. 어떤 사람들은 책을 잘 팔기 위해 계획적으로 한 거 아니냐고 하지만, 그건 결과론적 해석이고요. 실제로는 특별한 목적을 고려하지 않고 팟캐스트도 하고, 책도 쓴 거예요."

이렇게 우연하게 시작한 팟캐스트가 무명의 저자를 단 한 권의 책으로 베스트셀러 작가의 반열에 올려놓았다. 저자 채사장은 인문학 연구자도 아니고 또 오랫동안 학술 연구를 해 온 경력도 없다. 그런데 어떻게 해서 대형 베스트셀러가 될 수 있었을까? 그 첫 번째 요인은 뭐니 뭐니 해도 1인 미디어 활용이다. 네티즌의 '지대넓얕'에 대한 열광적인 반응이 곧바로 서점 판매로까지 이어진 거다.

이 외에도 빼놓을 수 없는 화제의 인물이 있다. 이분은 최근 공중파 방송에서 스타로 떠오르기 전에 여러 권의 책을 내놓았었다. 나름대로 그 분야에서 유명 인사로 통하지만 책 판매 실적은 그리 좋지 않았다. 그런데 한 프로그램을 통한 일약 전국구 스타가 되면서 상황이 달라졌다. 중앙 일간지, 주간지는 물론 포털 사이트, 블로그, 카페 등에서 그의 이름이 도배 되다시피 하자 책 판매가 껑충 뛰어오르더니 급기야 종합 베스트셀러 5위권에 들었다.

그가 누구일까?

그는 바로 백주부, 백종원이다. 그가 '마이리틀 텔레비전'을 통해 뜨겁게 노출되고 널리 알려지자, 『백종원이 추천하는 집밥 메뉴 52』가 현재 불티나게 팔리고 있다. 이에 힘입어 그에게 책을 내자고 요청하는 메이저 출판사가 줄을 서고 있다고 한다. 그는 최근 먹방 트렌드에 부합하는 인물로 요리 그 자체뿐만 아니라 이와 연관된 요리 힐링(음식을 만드는 과정을 통해 몸과 마음의 치유), 음식으로 본 역사, 요리 기행, 셰프의 자기계발 등 다양한 콘텐츠를 양산할 것으로 보인다.

마케팅에서도 상품 판매를 극대화하기 위한 방편으로 직접적인 광고 홍보 말고, 간접적으로 대중에게 노출하고 널리 알리는 전략을 쓰고 있다. 여기에는 의도적으로 논란거리를 만들어 소비자의 호기심을 일으키는 노이즈 마케팅도 포함되는데, 화제성이 중요한 방송 연예계에서 많이 활용하고 있다.

1인 미디어의 시대다. 누구나 쉽게 자신만의 콘텐츠를 활용해 미디어를 만들 수 있다. 최근에는 유명 저자들이 속속 팟캐스트를 운영하면서 대중과의 소통을 꾀하고 있다. 물론 책 판매율을 높이기 위한 목적도 어느 정도 있다는 것을 부정할 수 없지만, 어찌 됐든 책이 판매율이 높아진다는 점은 간과할 수 없는 사실이다. 이제는 자신의 이름과 콘텐츠를 뜨겁게 노출하고, 널리 알리는 데 사활을 걸어야 하지 않을까?

자신만의 미디어를 통해 네티즌에게 자신을 적극적으로 알리고 대중과의 소통을 꾀하는 저자가 책을 출판했을 때 더 많은 부수가 팔릴 수밖에 없다.

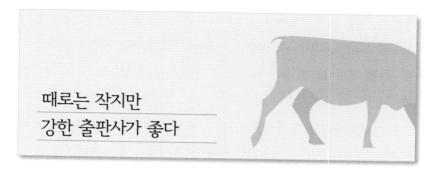

때로는 작지만
강한 출판사가 좋다

"책을 내고 싶은데요. 아무래도 대형 출판사에서 내는 게 좋겠죠?"

대부분의 저자들이 하나같이 유명한 대형 출판사에서 책을 내길 원하지만 대형 출판사와 계약을 한다는 건 저자의 영향력이 아주 크지 않은 이상 실현하기 어려운 일이다. 아울러 꼭 대형 출판사와 계약을 하는 것만이 출간 성공을 보장받는 길도 아니다. 필자는 대형 출판사와 계약을 해야만 책 판매 부수를 보장받을 수 있다는 생각은 그릇된 생각이란 것을 말해 주고 싶다.

자주 언급했던 베스트셀러『지대넓얕』을 펴낸 출판사는 유명 출판사도 대형 출판사도 아니다. 그런데도 이 책은 초대형 베스트셀러가 되었다. 이런 사례는 얼마든지 있다.『총각네 야채가게』도 그렇고, 한비야의 처녀작 『바람의 딸, 걸어서 지구 세 바퀴』도 그렇다. 여기에다 신동엽 신부의 밀리언셀러 『무지개 원리』, 수십만 부가 팔려 베스트셀러에 오른 『나를 변화시키는 좋은 습관』, 『이기는 대화』 등도 조그만 출판사에서 나왔다.

대형 출판사에는 통상적으로 이미 여러 책을 내서 일정 정도 판매 부수가 보장된 저자를 선호한다. 유명 저자에게는 많은 선인세를 주면서까지 붙잡으려고 한다. 이렇게 해서 연간 수백억대의 매출액을 올려야 출판사가 유지되기 때문이다.

이로 인해 메이저 출판사가 유망한 신인 저자를 놓치는 경우가 적지 않다. 나중에 작은 출판사에서 나온 그 신인 저자의 책이 수십만 부 베스트셀러가 되고 나서야 후회하는 일도 종종 있다. 이런 일이 생기는 이유는 편집자들의 고정 관념 때문이다. 이들은 다년간 베스트셀러를 양산해 오면서 자연스럽게 짜인 출판 기획 프레임이 있다. 대형 출판사들은 그 틀에 적합한 책을 출판하기를 원한다. 때문에, 무명의 신인 저자가 전에 없던 새로운 원고를 들고 나타나면 쉽게 출간 결정을 내리지 못한다. 안정적으로 판매 부수를 확보하는 것이 불투명하기 때문이다.

이런 점을 비추어 볼 때 작은 출판사에서 출간하는 것의 이점이 있다. 작은 출판사는 적은 판매 부수의 책을 내오다 보니 특별히 고집하는 기획 틀이 없다. 원고가 완성도를 갖추면서도 손익분기점을 넘길 수 있다면 적극적으로 출판한다. 그래서 저자 파워가 약해서 메이저 출판사와 계약 체결이 힘든 분은 작은 출판사에서 책을 내는 걸 고려할 만하다. 자신의 책과 비슷한 성향의 책을 일관되게 출판하고 베스트셀러는 없더라도 만 부 단위의 책을 꾸준히 내는 강한 출판사라면 결코 주저할 이유가 없다.

작은 출판사에서 책을 낼 경우 세 가지의 이점이 있다.

첫 번째, 의외로 자신의 콘텐츠에 정통한 편집자를 만날 수 있고 또 그래서 책 원고 편집 과정에서 막힘없는 의사소통이 가능하다. 따라서 책 편집 과정에서 저자는 자신의 의견을 많이 반영시킬 수 있다.

두 번째, 높은 인세를 보장받을 수 있다. 신인 작가가 메이저 출판사에서 책을 낼 경우 인세 10%를 받을 가능성이 거의 희박하다. 하지만 작은 출판사에서는 가능하다. 더욱이 출판사 대표와 말만 잘 통한다면, 기준 부수를 넘기는 시점부터 인세를 인상하는 차등 인세율을 적용할 수 있다. 예를 들면, 5,000부까지 8%의 인세를 받고 그 이후부터는 10%의 인세를 받거나 그 이상을 받는 식이다.

세 번째, 출판 스케줄과 이벤트 협조를 구할 수 있다. 자신이 책을 내고자 하는 시점이 있고 또 출판 강연회를 하고자 할 경우, 작은 출판사는 기동성을 발휘해 협조해 준다. 대형 출판사에서는 무명의 신인 저자의 바람대로 출판 스케줄을 잡는 게 쉽지 않고 또 이벤트에도 적극적이지 않다. 물론, 예외가 있겠지만 큰 틀에서 보면 그렇다.

작지만 강한 회사를 강소 기업이라고 한다. 출판사에도 이런 출판사가 수도 없이 많다. 발품을 팔아 동네 서점, 대형 서점을 방문해 자신이 내고자 하는 책 장르의 코너 앞에 서라. 그러면 그 코너를 당당히 차지하고 있는 출판사의 책들이 눈에 들어올 것이다. 그 책들이 오랜 시간 그 코너를 지키고 있다는 건 그 출판사가 작지만 강하다는 말이다.

저자 파워가 약한 신인 저자의 경우 자신의 책 성격과 맞는, 작지만 강한 출판사의 문을 두려보라.

자비 출판의
이점을 활용하자

페이스북, 트위터, 카카오스토리, 블로그, 팟캐스트, 아프리카, 유튜브

1인 미디어의 대표 주자다. 이를 잘 활용해 이미 수천만 원에서 억대의 수입을 거두는 분들이 적지 않다. 정말 똑똑한 사람들이다. 다들 대기업체 취직에 목을 매고 있는 상황에서, 이들은 최소의 비용으로 1인 기업을 만들어 냈다. 처음 시작은 초라했지만, 좋은 콘텐츠로 입소문이 나며 회원수가 늘어나자 상황이 달라졌다. 1인 미디어를 잘만 활용하면 전문직 못지 않은 수입과 만족을 누릴 수 있을 것이다.

이러한 SNS 1인 미디어 이야기는 책을 내는 분들이 많이 참고해야한다. 요즘 대중이 1인 미디어에 열광하고 있다는 점에서 책 출판 또한 새로운 방식이 요구되고 있다. 아직까지는 출판사에서 출판 계약을 맺어 책을 내는 게 일반적이다. 이 경우 당연히 출판 진행이 출판사 중심으로 돌아간다. 이 과정에서 메이저 출판사들은 베스트셀러를 독식하고 엄청난 수익을 거두고 있는 게 현실이다. 그런데 반드시 저자가 출판사와 계약을 맺어 책을 내야 하는가 하는 의문이 들 수도 있다. 1인 미디어처럼, 자신이 1인 기업이 되어 콘텐츠를 출판하는 방식은 어떤가?

이게 바로 자비 출판이다. 말 그대로 자신이 비용을 모두 대어 책을 출판하는 방식을 말한다. 이렇게 하면 책 판형, 편집, 디자인 등을 자신이 원하는 대로 할 수 있을 뿐만 아니라 자신이 만든 출판사 이름을 걸 수도 있다. 무엇보다 자비 출판의 큰 이점은 인세 수입이다. 일반 출판사에 책을 낼 경우 인세 10%가 최고치다. 그런데 자비 출판을 하면 인세 대부분을 가져갈 수 있다. 초기에 자비 출판 비용을 많이 대면 댈수록 인세를 더 많이 가져갈 수 있다. 인세의 일부를 출판사에서 영업 비용으로 가져가는데, 이렇게 해도 최고 30%에서 최대 50%까지 인세를 받을 수 있다.

문제는 자비 출판이 활성화되지 못했다는 점이다. 그래서 서점에서 자비 출판된 책은 독자의 시선을 오래 끌지 못하는 경우가 많다. 출판사 브랜드 인지도가 크게 떨어지기 때문이다. 대중이 유명 브랜드 상품을 선호하듯 책 또한 이름 있는 출판사의 것을 선호하기 마련이다. 브랜드의 힘을 간과할 수 없다.

하지만 전에 없이 새롭고 독보적인 콘텐츠라면 자비 출판을 하더라도 어느 정도 성공 가능성이 보장될 것이다. 비즈니스, 실용, 자기계발에도 마찬가지다. 콘텐츠 파워에 자신이 있다면 승부를 걸어 볼 만하다.

특히, 이미 스타 저자로 알려진 경우는 더욱 해 볼 만하다. 만약 성공한다면 일반 출판사에서 얻는 인세의 서너 배 이상을 가져갈 수 있다. 스타 저자의 경우 이미 수만 명에서 수십만 명의 독자군을 확보했기 때문에 더는 인세 10%에 목을 맬 이유가 없다.

이와 함께 대중서가 아닌 성경 교재도 자비 출판을 권하고 싶다. 협회, 기업체, 학원 등에서 교육을 목적으로 발간하는 책이라면 굳이 일반 출판사에서 출판할 이유가 없다. 자비 출판해서 책이 판매되는 대로 많은 인세 수익을 가져갈 수 있기 때문이다.

머지않은 때, 유명 출판사 브랜드가 유명무실해지는 때가 올 것이다. 1인 미디어처럼 자비 출판이 활성화되어 저자가 인세 대부분을 가져가는 시대가 올 수 있다. 이렇게 되면 콘텐츠의 주인인 저자가 제대로 대접받을 수 있게 된다.

콘텐츠 파워에 자신이 있다면, 자신이 비용을 모두 대어 책을 출판하는 자비 출판 방식의 이점을 활용해 보자.

좋은 예감으로
계속 문을 두드려라

"출판 기획서를 나름대로 썼는데, 막상 출판사에 보내려고 하니 어디로 어떻게 보내야 할지 잘 모르겠어요."

모 기업 강사의 말이다. 이분은 내게 출판 기획서 작성과 샘플 원고 집필 코칭을 받았다. 이분의 경력과 인맥, 그리고 차별화된 강의 콘텐츠를 참고해 참신한 기획안을 작성할 수 있게 도와드렸다. 그런데 자신이 직접 출판 기획서를 보내려고 보니 어떻게 해야 할지 몰라 막막해 했다.

이 문제는 간단하다. 출판사마다 대표 메일 혹은 원고 투고 메일이 있다. 어떤 곳은 사이트에 가입을 해야만 접근할 수 있도록 했지만 대부분은 메일 주소가 공개되어 있다. 이곳으로 출판 기획안이나 원고를 보내면 된다. 참고로 완성된 원고의 전체를 보내기보다는 차례와 앞부분 샘플 원고를 보내는 게 원고의 무단 도용을 막을 수 있는 방법이다.

그다음 해야 할 일이 있다. 통상적으로 출판사는 항상 빡빡한 일정대로 움직인다. 편집부에서는 투고된 출판 기획안과 원고 전체를 꼼꼼하게 볼 여유가 없다. 따라서, 기획안과 원고를 보낸 후 반드시 출판사 편집부에 연락을 하는 게 필요하다. 이렇게 해서, 어떤 내용의 기획안 혹은 원고를 보냈으니 잘 검토해 주시라고 하는 것과 함께 언제쯤 결과를 알 수 있는지를 확인하는 것이 좋다.

참고로, 사업 기밀을 공개할까 한다. 앞서 말했듯이 출판사의 원고 투고 메일로 보낸 기획안과 원고는 자칫 묻혀 버릴 우려가 있다. 유명 출판사에는 하루에도 수도 없이 많은 출판 기획안과 원고가 들어오기 때문이다. 따라서 회사 대표 메일 말고 편집자의 메일로 보내는 게 좋은 방법이 될 수 있다.

그렇다면 편집자의 메일 주소는 어떻게 알아낼 수 있을까? 편집자들이 많이 모이는 사이트를 찾아 들어가면 된다. 다음 두 개 사이트가 대표적이다.

북에디터 www.bookeditor.org

한국출판인회의 http://www.kopus.org/

이곳의 구인 광고에 들어가면, 유명 출판사 편집자의 글과 함께 연락처를 얻을 수 있다. 편집자는 자신의 메일로 보내온 기획안과 원고 하나 하나를 유심히 검토할 것이다. 때문에, 책을 내고 싶은 분이라면 편집자에게 직접 기획안과 원고를 보내는 게 더 나은 방법일 수도 있다.

마지막으로 끝까지 좋은 예감을 가지라고 권해 드리고 싶다. 처음 출판 기획안과 원고를 보낸 출판사와 계약이 되면야 얼마나 좋겠는가? 현실은 그리 녹록지 않다. 따라서 설령 여러 곳에서 퇴짜를 맞더라도 실망하지 마라. 퇴짜를 준 출판사의 견해는 절대적인 게 아니기 때문이다. 잘된다, 꼭 책이 나올 수 있다는 믿음을 갖고 눈 밝은 편집자가 있는 출판사에 계속 문을 두드려야 한다. 이 과정에서 좋은 기획안과 원고는 반드시 출판 계약이 될 것이다.

해리포터 시리즈는 전 세계 60개 언어로 번역이 되어, 4억 5,000만 부가 팔렸다. 하지만 해리포터 첫 번째 원고는 무려 12곳에서 퇴짜를 맞았다. 그러다가 블룸스버리 출판사와 계약할 수 있었다. 당신의 출판 기획안과 원고도 이와 무관하지 않다. 그러니 항상 좋은 예감을 갖고 계속 문을 두드려 보자.

여러 곳에서 퇴짜를 맞더라도 실망하지 마라. 퇴짜를 준 출판사의 견해가 절대적인 것은 아니다. 좋은 기획안과 원고는 반드시 출판 계약이 된다.

부록

부록 1.
출판 기획서 양식

〈출판기획서〉

제목 : _____

부제 : _____

성 명: _____

연락처: _____

이메일: _____

1. 제목(가제)과 부제:

2. 저자 소개 :

3. 기획 의도 :

4. 책소개
    1) 핵심 주제와 내용
    2) 타깃 독자
    3) 이 책의 장점과 차별성
    4) 예상 쪽수
    5) 홍보 문구 및 아이디어
    6) 원고 완성 기간

5. 마케팅 전략

6. 첨부
    1) 차례
    2) 서문
    3) 견본 원고

고수유 작가 책 본문 맛보기

1.『워렌 버핏과 함께한 점심 식사』

(스토리텔링형 책) pp. 203-205

　노천 테이블 위로 따사로운 5월의 햇볕이 내리쬐었다. 뉴욕 거리에서 맛보는 햇살과 또 다른 맛이었다. 머물고 있는 친척집을 나와 뉴욕 거리를 배회할 때면 어디서나 뜨거운 햇볕이 내리쬐었다. 하지만 그 햇살에서는 인간적인 정이 느껴지지 않았다.

　오마하는 달랐다. 박찬우는 햇살이 자신에게 말을 걸어오는 착각에 사로잡혔다. 그는 햇살의 속삭임에 귀를 열어두면서 생각에 잠겼다.

　'버핏을 만나기 위해 여기에 왔지만 이렇게 기다리는 시간조차 내게는 참으로 많은 의미를 주는 것 같아. 내가 언제 이렇게 30분 혹은 40분, 길게는 한 시간씩 누구를 기다려본 적이 있나? 사회생활을 할 때 이런 기다림은 사치이며 소모일 뿐이었어. 그런데 지금은 이상하게도 '기다림'이 자투리 시간으로 여겨지지 않아. 바쁜 사회생활을 하는 사람에게 '기다림'은 잊어버린 고향의 정취 같아. 그것을 상실한 우리는 무언가에 홀린 듯 살아가지만 손에 쥐어지는 알맹이는 없지.'

그는 다시 눈을 감고 햇살을 만끽했다.

'기다림은 나와 하늘에서 쏟아지는 햇살의 대화가 아닐까? 이 시간에 나는 내가 지나온 시간과, 내게 다가오는 시간에 대한 생각에 빠지곤 했어. 햇살은 내 속에 있는 또 다른 나에게 말을 걸어오는 것 같아. 이 따사롭고 아늑한 느낌, 정말로 행복해.'

한동안 박찬우는 미국 중서부의 햇살에 마냥 자신을 맡겼다. 기분 좋은 일광욕을 하는 느낌이었다.

그때 테이블이 놓인 길 옆으로 눈에 익은 차 한 대가 지나갔다. 버핏의 중고차였다. 자동차는 레스토랑 주차장으로 들어갔다. 버핏은 차를 직접 몰고 다닌다. 박찬우는 자세를 고쳐 앉았다.

이윽고 버핏이 반가운 표정으로 다가와 박찬우와 악수를 나누었다.

"여보게, 이곳 햇살이 어떤가?"

"……."

"내가 뉴욕을 떠나서 여기 오마하에 온 이유 중 하나가 이 햇살 때문이라면 믿겠나?"

"정말요? 왜 그런가요, 버핏 씨?"

버핏이 자리에 앉았다.

"자네도 이곳에 온 것이 벌써 다섯 번이나 되지 않나? 자네는 눈치까 빠르니까 어느 정도 짐작하리라고 보는데."

박찬우는 자신의 속마음을 버핏이 알아버린 게 아닌가 해서 놀랐다. 버핏을 기다리는 동안 햇살의 품에 안긴 듯한 느낌에 사로 잡혀 한없이 빠져

들어 가던 몽상. 지금 버핏은 그것을 말하는 듯했다.

"오마하의 햇살은 색다른 것 같아요. 뉴욕하고는 느낌이 다릅니다. 가만 생각해보면 한국의 시골에서 경험했던 것과 비슷하구요."

"그 느낌은 도시와 시골의 차이에서 오는 걸세. 나는 시끌벅적한 도시가 싫어서 이곳 오마하로 왔지. 그리고 또 하나 중요한 게 있네. 오마하에는 우리 백인이 살기 전까지 인디언들이 살았네. 인디언들이 이 넓은 땅덩어리 중에서 하필 오마하에 터를 잡은 이유가 뭘까? 나는 이곳으로 떨어지는 햇살에서 그 이유를 찾네. 오로지 이곳에서만 맛볼수 있는 한없이 투명한 햇살, 오마하의 인디언들은 그것을 알고 있었지."

"그런가요? 사실은 저도 여기 햇살에 점점 중독되는 느낌입니다. 제게도 인디언의 피가 흐르는 걸까요? 하하."

2. 『실패가 두려운 청년을 위한 멘토 스티브 잡스』
(스토리텔링형 책) pp. 56-58

수백 벌의 터틀넥에서 나오는 경쟁력

지섭은 난생처음 비즈니스 클래스 좌석에 앉았다. 더욱이 옆에는 스티브 잡스가 함께하고 있었다. 지섭은 여유 있는 공간에 다리를 펴고 앉아 있으니 무척이나 몸이 편했다. 창가에 앉은 스티브 잡스는 벙거지 모자를 벗었다. 지섭은 옆에 앉은 스티브 잡스를 슬쩍 엿봤다. 사진으로 볼 때처럼 스티브 잡스의 머리숱이 많이 빠져 있었다. 하지만 혈색이 좋아보였다.

곧이어 비행기가 상공으로 이륙했다. 비행기가 순식간에 하늘로 올라 목적지를 향해 날아가기 시작했다.

스티브 잡스가 지섭에게 싱긋 미소를 지었다.

"요즘 언론이 내 병가로 떠들썩하더구먼. 애플사 주가가 너무 떨어질까 걱정이네."

"저도 잡스 씨가 중병에 걸리지나 않았는지 걱정을 했어요."

지섭이 스티브 잡스를 바라보았다.

"이제 잡스 씨는 록 스타처럼 전 세계인의 우상인 걸요. 잡스 씨의 일거수일투족에 모두 열광하지 않습니까?"

스티브 잡스가 말했다.

"자네 말을 듣고 보니 이해가 되네. 내가 전 세계인을 나에게 열광하는 팬으로 만들어놨으니 그럴 만도 하겠지. 그렇담 자네도 내 팬 중의 한 명으로 봐도 되겠군."

"그렇고 말고요."

그말과 함께 지섭은 호주머니에 손을 집어 넣어서 무언가를 꺼냈다. 그것을 본 스티브 잡스가 탄성을 내질렀다.

"아이폰이구먼!"

"내가 정말로 잡스 씨의 팬이라는 걸 인정하실 수 있겠죠? 한국에서 처음으로 아이폰1이 출시됐을 때 맨 먼저 구입했습니다."

스티브 잡스가 지섭을 보며, 보란 듯이 아이패드 화면을 톡톡 쳤다. 지섭은 그게 무얼 뜻하는지 이해했다. 지섭은 아이패드를 구입하지 않았다. 대신 최경량 노트북을 가지고 있었다. 지섭이 고개를 설레설레 저었다.

스티브 잡스가 입을 열었다.

"이렇게 아이패드와 아이폰이 함께하게 됐으니 내가 가만 있을 수 없지. 한 가지 알려줄게 있네. 자네 아이폰과 내 아이패드를 살펴보게나. 디자인 면에서 일맥상통하는 게 느껴지지 않나? 키보드가 없는 대신에 터치 스크린으로 하고 또 버튼이 최소화되었지. 검정색 바탕에 외형 역시 아주 매끄럽고 단순하게 만들어져 있어. 이걸 가리켜서 패션 용어로 '미니멀리즘'이라고 하더군. 사실, 이것은 자네 나라에서 더 익숙한 것이라 보는데 그렇지 않나?"

그 말을 듣고 지섭은 생각에 빠졌다.

'스님이 고요히 차를 마시는 선방이 떠올라. 색상이나 방의 구조가 극도로 절제된 모습 말이야. 선을 하는 스티브 잡스는 그것을 첨단 IT 제품에 구현했어. 그러고 보니 그의 의상도 그런 것 같아.'

지섭이 입을 열었다.

"네, 익숙하고 말고요. 우리나라에서 일찍 선수 쳤어야 하는 디자인을 놓쳤다는 생각이 드는군요. 제 생각이 맞는다면 잡스 씨의 의상도 '미니멀리즘'으로 철저히 계획된 것으로 보입니다."

3. 『감사합니다 서로 사랑하십시오: 김수환 추기경의 62가지 인생 이야기』
(스토리텔링형 책) pp. 70-72

마더 테레사 수녀와의 동행

덕이란 무엇인가? 이웃에 대한 선행, 즉 나 자신을 위하여 이루어지는 거 이외의 것을 나는 덕이라고 부를 수 있을까?

- 볼테르

마더 테레사 수녀가 한국에 방문했을 때입니다. 테레사 수녀는 대중에게 많이 알려져 있었습니다. 그래서인지 테레사 수녀가 가는 곳마다 인파로 혼잡했습니다.

"테레사 수녀님, 손을 잡고 싶어요."

"테레사 수녀님과 사진을 찍고 싶습니다."

사람들이 몰려들자 테레사 수녀님의 신변이 위험할 수도 있었습니다. 하지만 테레사 수녀님은 언제나 웃는 얼굴로 사람들을 맞이했습니다.

"수녀님, 너무 요란한 게 싫으시지 않으세요?"

테레사 수녀님을 모시던 추기경이 말했습니다.

"물론, 그렇지요. 그렇다고 내 편의대로 할 수 없지요. 나를 찾아오는 한 사람 한 사람들이 가난한 사람들에게 도움의 손길을 내미게 됩니다. 내가 그들을 반가이 맞이해야 하지요."

"그러시군요."

어디서나 테레사 수녀님의 사진을 찍으면서 불빛이 터졌습니다. 테레사 수녀님은 노령의 허약한 몸에도 불구하고 편안한 표정을 지었습니다. 빽빽한 일정 속에서도 수녀님은 아무렇지도 않은 듯했습니다.

추기경은 테레사 수녀님의 건강이 걱정되었습니다.

"연세도 있고 건강도 안 좋으신데 좀 쉬면서 하면 어떠신가요?"

조용히 앉아 있던 수녀가 말했습니다.

"나에게는 나를 위한 시간이 없습니다. 나는 허리를 굽히고 섬기고 살아 왔습니다. 내게 주어진 시간은 오로지 가난하고 헐벗은 사람들을 위한 것이지요."

추기경은 두 손을 모으고 눈을 감았습니다.

'수녀님은 진정한 사랑이 무엇인지를 몸소 가르쳐 주시고 있어. 내가 이 때까지 어려운 사람들을 도우려고 애를 썼지만 수녀님에 비하면 너무나 부족한 게 많군. 수녀님, 건강하게 오래 사세요. 사랑을 잃어버린 사람들에게 사랑의 존귀함을 널리 알려 주세요.'

추기경은 테레사 수녀님이 한국에 있는 동안 어디서나 함께했습니다. 스스로 테레사 수녀님의 수행비서가 되고자 했습니다.

추기경은 테레사 수녀님이 어느 강연에서 한 말씀을 잊지 못합니다.

"나는 한 번에 한 사람만 껴안을 수 있습니다. 모든 노력은 바다에 붓는 물 한 방울 같지만 붓지 않으면 그만큼 바다는 줄어들 것입니다. 당신이나 당신 가족, 당신이 다니는 교회도 마찬가지입니다. 단지 시작하는 것입니다. 한 번에 한 사람씩 사랑하는 것입니다."

마더 테레사 수녀님은 인류의 어머니입니다. 물질적으로 가난한 사람만이 아니라 영혼이 가난한 사람을 모두 다 껴안는 어머니입니다. 추기경은 테레사 수녀님의 한없는 사랑을 닮고자 했습니다.

4. 『부와 성공을 이루어주는 억만장자 이야기』
(에세이+스토리텔링형 책) pp. 17-18

긍정적으로 사고하라.

- 오프라 윈프리

"오프라 씨, 머리 스타일을 바꿔보면 어떨까요?"
"목소리를 좀 더 진지하고, 차분하게 해보시겠어요?"
자유분방하고 당당하던 그녀는 주변의 말에 조금씩 주눅이 들고 있었다. 라디오 방송국이나 CBS에 있을 때처럼 모두가 자신의 진행 스타일을 좋아할 것이라 생각했는데 그게 아니었다.
"오프라 씨, 위에서 오프라 씨에게 앞으로 저녁 뉴스가 아닌 새벽 뉴스를 맡기라는 지시가 내려왔어요. 아마 당신의 밝은 이미지가 새벽 시간에 더 잘 어울린다고 판단한 모양이에요."
하지만 그녀가 앞으로 맡게 될 새벽 진행은 고작 5분짜리 뉴스였다.
'그래, 사실 난 저녁잠이 많잖아. 오히려 새벽에 상쾌한 기분으로 일을 할 수 있으니 더 잘된 건지도 몰라.'

그럴수록 그녀는 더 당당해지고 긍정적으로 생각하려고 노력했다.

"오프라 씨 방송국 간부들은 당신이 좀 더 형식을 갖추어서 전문적인 진행을 하기를 원해요. 그들은 당신의 말투가 마음에 들지 않는대요. 그래서 말인데, 제가 잘 아는 화술 코치가 있는데 한번 만나보는 게 어때요?"

그녀는 말투를 바꾸라는 말에 너무 자존심이 상했다. 하지만 그런 일로 기죽을 그녀가 아니었다.

"예, 이번 기회를 통해 저의 단점을 보완할 수 있겠네요."

그녀는 애써 긍정적으로 생각하며 화술 코치를 만나러 갔다. 그러나 그는 오히려 정반대의 말을 해주었다.

"당신의 말투에는 아무 이상이 없어요. 아주 좋아요. 오히려 지금 당신에게 필요한 건 다른 사람들이 당신을 두고 함부로 말하지 못하도록 당신의 주장을 당당하게 펼치는 거예요."

"정말 그렇게 생각하세요."

"그럼요. 얼른 돌아가서 당신의 매력을 그들에게 마음껏 보여주세요. 그리고 당신이 최고라는 사실을 잊지 마세요."

그녀는 한동안 무슨 일이든 항상 긍정적으로 생각하고자 했다. 하지만 다른 사람들의 말을 의식하고 의기소침해 있었던 게 사실이다.

'그래, 가서 나의 매력을 보여주자. 난 누구보다 멋진 진행자가 될 수 있어.'

그녀는 더 이상 주변의 말을 의식하지 않았다. 방청객들과 편하게 얘기를 나누고, 슬플 때는 그 사람과 함께 울기도 했다. 그러자 그녀는 대중으로부터 점점 사랑을 받게 되었다. 마침내 1985년 시카고의 WLS TV 방송국에서 자신의 이름을 건 '오프라 윈프리 쇼'를 진행하게 되었다. 그 토크쇼는 지금까지 전 세계인들로부터 사랑받고 있다.

오프라 윈프리는 어린 시절부터 무슨 일이든 항상 긍정적으로 생각하려고 노력했다. 궁핍했던 집안 형편과 사이가 좋지 않은 부모님 밑에서 희망을 잃지 않았다. 또한 아홉 살 때 사촌 오빠에게 성폭행을 당했고, 열네 살 때 미혼모가 되어 아기를 낳았다. 더군다나 아기는 태어난 지 2주만에 죽고 말았다. 하지만 그녀는 그런 힘든 상황 속에서도 자신의 꿈을 포기하지 않았다. 그리고 지금은 억만장자가 되어 미국에서 가장 존경받는 여성 중 한 명으로 꼽히고 있다.

5. 『법정 스님으로부터 무소유를 읽다』
(에세이+ 스토리텔링형 책) pp. 75-77

무(無)라

새벽, 오랜 병고 끝에 효봉 선사가 자리에서 일어나 책상다리를 하고 앉았다. 곁에는 제자 일곱 명이 있었다. 그 가운데 법정도 있었다. 앙상한 몸의 선사는 실눈을 뜬 채로 주위를 바라보았다. 제자 한 명 한 명의 얼굴이 눈에 들어왔다.

며칠 전에 제자들이 물었다.

"스님, 마지막으로 남기실 말씀이 있습니까?"

그러자 선사가 대답했다.

"인연이 다한 게야. 나는 군더더기 같은 말은 안 한다."

그러곤 열반송(涅槃頌 고승들이 입적할 때 수행에서 얻은 깨달음을 전하는 마지막 말이나 글)을 읊었다.

내가 말한 모든 법은

그거 다 군더더기

오늘 일을 묻는가

달이 일천강에 비치니라

선사는 자세를 흐트리지 않고 염송(念誦 마음으로 부처를 생각하면서 부처의 이름이나 불경의 문구를 읊음)을 이어갔다. 선사의 염송은 서너 시간을 훌쩍 넘기고 있었다. 선사는 말년에 '무라 노장'이라는 호칭을 들을 정도로 무자 화두 참선에 투철했다. 자나 깨나 무자 화두에 매진했기에 대화하는 도중에도 "무라" 하고 말했고, "무라" 하고 뇌면서 춤을 추기도 했다. 병상에서도 "무라" 하고 입버릇처럼 소리를 냈다.

그런 선사가 지금 무에 바짝 다가서고 있었다. 어느덧 6시간이 가까워졌다. 오전 10시가 되었을 때였다.

"무라."

이 말을 끝으로 염주 돌리기가 뚝 그쳤다. 선사는 앉은 채로 입적했다.

스님에게 효봉 선사는 자신을 깨달음으로 인도한 스승입니다. 그런데 효봉 선사는 자신이 했던 모든 말이 군더더기라고 해버립니다. 이는 자신의 권위며 가르침 전체를 휴지조각처럼 버리는 것과 같습니다. 선사가 했던 가르침이 가짜라서 그랬을까요? 그렇지 않습니다.

진정한 깨달음은 고착화된 관념과 개념으로 말해질 수 없기 때문입니다. 말과 문자로 이렇다 저렇다 하는 순간 이미 진리와 동떨어지게 됩니다. 그래서 말과 개념을 뛰어넘은 '화두 선'의 전통이 이어지고 있습니다. 참선에서 제일 많이 활용되는 화두가 무입니다. 스님은 말합니다.

스님은 '조주무자(趙州無字)'로써 평생 화두를 삼았다. 그리고 남에게 화두를 일러줄 때에도 누구에게나 한결같이 이 무자 화두를 일러주곤 하였다. 중국과 우리나라를 통해서 이 무자 화두만큼 공부하는 이의 눈을 많이 틔어준 화두가 없다고 하였다.

6. 『해독제』

(에세이형 책) pp. 17-18

몸과 마음이 망가지고 있다

이처럼 갈수록 빈발하는 암은 소위 '현대병'이다. 현대병은 말 그대로 '현대'라는 문명사회 옆에 '병'이 따라 붙는다. 어찌해서 이런 일이 벌어졌을까? 이것에 대한 진단과 처방은 의사가 하는 일이다. 다만, 사회가 급속도로 문명화되면서 현대병이 많이 생겨나고 있는 현실을 확인할 수 있다.

그 종류로는 우울증, 신경통, 직업병, 성인병 등을 들 수 있다. 이들 상당수는 스트레스나 화로 인해 생기는 병이다.

만약 당신이 지금 병을 앓고 있다면 그 병은 우리 사회가 서구화, 문명화되는 과정에서 생긴 병, 즉 현대병일 가능성이 높다. 앞에서 그 예로 든 B씨는 건강한 사람이었지만 대장암을 피할 수 없었다. 식습관이 서구화되는 과정에서 생긴 것으로 볼 수 있다.

B씨 같은 운동 마니아가 아닌 보통 사람은 어떨까? 다음에 몇 가지 예를 들어본다. 어쩌면 이것은 당신에게 해당될지 모른다.

대부분 아침을 거른다.
늘 수면 시간이 부족하다.
하루 종일 책상에 앉아 있다.
컴퓨터 모니터 앞을 떠나지 않는다.
늘 스트레스를 받는다.
인스턴트 음식, 육류를 좋아한다.
일주일에 한 시간도 걷지 않는다.
거의 매일 텔레비전 앞에서 시간을 보낸다.
술과 담배를 한다.

앞에 B씨를 예로 들었듯이 건강 체질에 운동 마니아도 병을 피할 수 없었다. 그런데 위와 같은 경우의 사람은 참으로 암담하기 그지 없다. 한마디로 병을 벌어들이고 있는 형국이랄 수밖에 없다. 위에서 든 여러 가지 예중에서 특히 하루 종일 책상에 앉아있는 게 만병의 근원이라고 한다. 평소 운동을 꾸준히 해도 책상에 오래 앉아 있는 것 자체로 수명이 단축된다는 연구 결과가 세상을 놀라게 한 바 있다.

우리 주위에 이런 경우에 해당하는 분들이 참으로 많다. 그래서 병원엔 항상 환자들로 가득하고 약국은 번창하고 있지 않은가?

현대병의 하나가 정신병인 것처럼 우리를 괴롭히는 것으로 마음(정신)의 병을 빼놓을 수 없다. 육체 병의 상당수가 마음(정신)의 병에 기인한다고 알려져 있다. 현대병의 대다수가 스트레스로 인해 생겨난다는 것은 너무나 잘 알려진 사실이다.

그렇다. 실제 우리 대다수의 마음은 병들어 있는 게 현실이다. 사소하지만 이미 우리의 마음은 수많은 이상 징후를 내보내고 있음에도 불구하고 알아차리지 못하는 건 아닐까? 육체의 경우와 비교해 보더라도 많으면 많았지 결코 적지 않을 것이다.

▶ '1등의 책쓰기' 코칭 프로그램 안내 ◀

직장인, 기업인, 강사, 컨설턴트,
전문직 종사자, 자영업자, 프리랜서 등을 대상으로
'1등의 책쓰기 강좌'를 개설합니다.
강의는 3개월 동안 매주 하루 두 시간씩 진행할 예정입니다.
관심 있는 분은 저자 개인 메일로 연락을 주십시오.
5~8명 정도 인원이 채워지면 홍대 앞의 모임 공간에서
강의를 할 예정입니다.
수강생의 출판 기획안을
적극적으로 인지도 있는 출판사와
출판 계약을 진행할 예정입니다.
자세한 건 연락을 주시면 말씀드리겠습니다.
〈저자 이메일: nunnara@hanmail.net〉